CARO PROFESSOR

ANA MARIA MACHADO

CARO PROFESSOR

São Paulo
2017

global
editora

© Ana Maria Machado, 2016
1ª Edição, Global Editora, São Paulo 2017

Jefferson L. Alves – diretor editorial
Dulce S. Seabra – gerente editorial
Flávio Samuel – gerente de produção
Juliana Campoi – assistente editorial
Jefferson Campos – assistente de produção
Sirlene Prignolato – revisão
Tathiana A. Inocêncio – projeto gráfico
Eduardo Okuno – capa
(sobre manuscrito de Ana Maria Machado)

Obra atualizada conforme o **NOVO ACORDO ORTOGRÁFICO DA LÍNGUA PORTUGUESA.**

CIP-BRASIL. CATALOGAÇÃO NA PUBLICAÇÃO
SINDICATO NACIONAL DOS EDITORES DE LIVROS, RJ

M129c

Machado, Ana Maria
Caro professor / Ana Maria Machado. – 1. ed. – São Paulo : Global , 2017.
il.

ISBN: 978-85-260-2359-8

1. Educação. 2. Prática de ensino. I. Título.

17-42008
CDD:370
CDU:37

Direitos Reservados

global editora e distribuidora ltda.
Rua Pirapitingui, 111 – Liberdade
CEP 01508-020 – São Paulo – SP
Tel.: (11) 3277-7999 – Fax: (11) 3277-8141
e-mail: global@globaleditora.com.br
www.globaleditora.com.br

Colabore com a produção científica e cultural.
Proibida a reprodução total ou parcial desta obra sem a autorização do editor.

Nº de Catálogo: **3967**

CARO PROFESSOR

Apresentação

Este livro reúne os textos que escrevi e publiquei mensalmente, a convite de Lívia Perozim, durante seis anos (de 2008 a 2014), em uma revista de educação que tinha como público-alvo professores do ensino fundamental. Como a publicação se chamava *Carta Fundamental*, o título geral que os editores deram à seção foi *Carta da Ana*. Era conduzida nesse formato, começando com *Caro professor*, como uma conversa direta com cada um, em linguagem coloquial. Mas o assunto sempre era ligado às práticas educacionais e à experiência viva de sala de aula.

Do meu ponto de vista, foi muito bom. Por dois motivos. O primeiro é que me obrigou a sistematizar algumas reflexões sobre ensino, aprendizado e escola, de ângulos variados, abarcando grande diversidade de temas. O segundo é que me fez receber uma quantidade enorme de mensagens e cartas verdadeiras, de professores (sobretudo de professoras) do Brasil inteiro, com comentários, sugestões, relatos de suas experiências.

Uma das sugestões mais frequentes foi justamente a de que eu reunisse em livro esses artigos, para que pudessem ser guardados e relidos. Era uma boa ideia e, ao interromper essa atividade, pretendia logo transformar em livro as *Cartas da Ana*. No entanto, por uma série de dificuldades, não fiz isso logo. Só agora, aqui estão eles, à disposição de todos.

Ao tomar essa decisão e dar esse passo, meus editores na Global confiaram em mim para decidir em que medida iríamos atualizar certas referências que aparecem nesses textos. Por exemplo, há um artigo escrito e publicado antes da Copa do Mundo de Futebol e dos Jogos Olímpicos que ainda iriam se realizar no Brasil. Nesse texto, todas as menções a esses eventos falam deles no futuro. Deveríamos interferir e trocar os termos, como se fossem parte do passado? Preferi não fazer isso e respeitar o que me ditava o momento. Outro exemplo é quando falo da menina Malala como uma quase desconhecida, que acabava de sofrer um atentado. Mal imaginava que algum tempo mais tarde ela se tornaria uma celebridade mundial, a mais jovem ganhadora do Prêmio Nobel da Paz.

Outra dúvida se refere à nomenclatura das diversas etapas escolares, que mudaram de nome com a entrada em vigor de reformas educacionais — termos como grau, série, ciclo, básico, fundamental etc. Ou à atualização de alguma eventual estatística então recente. Não mexi nisso, mas todos os dados citados estão localizados no tempo.

Em todos os casos, achei melhor deixar como estava no original. Mas também deixamos, abaixo do título de cada artigo, a data em que foi publicado. Assim fica possível localizá-lo de maneira clara, na época em que foi criado, e situá-lo em seu contexto. Além do mais, uma ligeira mudança circunstancial desse tipo apenas comprova que o essencial permanece. Afinal, este não é um tratado técnico nem um compêndio estatístico, mas uma conversa entre amigos, agora leitores, que me acostumei a tratar como *Caro professor* e de quem me despeço com um abraço.

Ana Maria Machado

Sumário

O acordo e o espantalho 11
Vítimas e carrascos 14
Ler juntos 17
Merecemos mais 20
Um olhar cheio de esperança 23
O direito de aprender 26
Letras e números 29
A fábula estava errada 32
Ler e escolher livros 35
Seu ensino, seu exemplo 38
Moranguinho no bolo 41
De conversa em conversa 44
Palavrinhas mágicas 47
Quando os alunos ensinam 50
Quando a terra tremeu 53
Ensinar, mostrar, salvar 56
Direitos e deveres 58
Quem merece? 61
Nos ombros de gigantes 64
Viciados na telinha 67
A ciência da Juju 70
Dois meninos 73
Professor não é incapaz 76
O preço da ignorância 79
Portas para a criatividade 82
Amorosos e amadores 84
Todos podem fazer 87
Muito barulho por quê? 90
Vamos passear 93
Aprender com as crianças 96
Exageros do consumo 99
A beleza necessária 105
Apossar-se de um tesouro 108
História, escala e escola 111

Escola boa e de graça 114
Quem se engana com a cigana 117
Descobrindo a pólvora 120
Alegrias e vergonhas 123
Mistério sem segredo 126
Esporte: um desafio para a escola 129
Contra o veneno da mente 132
Se eu fosse você 135
A poesia é necessária 138
Cantar e aprender 141
Ler, escrever, fazer contas 144
Diário de classe 147
Um chamado 150
Literatura e economia 153
Cúmplices na harmonia 156
A mãe memória e sua casa 159
Ai, eu entrei na roda 162
O valor do elogio preciso 165
Duas vergonhas 168
Escola para quê? 171
Aprender com quem aprende 174
Educando o olhar 177
Limitar, amar, aprender 180
O crime de estudar 183
Boas práticas 186
Ler com os alunos 189

O acordo e o espantalho

novembro de 2008

A 29 de setembro, a Academia Brasileira de Letras fez uma sessão solene em homenagem ao centenário de morte de seu fundador Machado de Assis. O presidente Lula aproveitou a ocasião para promulgar o acordo que unifica a ortografia da língua portuguesa. Agora todos os países que usam o idioma vão ter de escrever da mesma forma.

Surgem então as dúvidas e inseguranças. É verdade que a partir do ano que vem todo mundo vai ter de escrever diferente o português nosso de cada dia? Ou será que o novo acordo só entra em vigor em 2010? Vai ser obrigatório para todo mundo? Só os livros didáticos é que vão ter de seguir? Os professores já vão ensinar seguindo as novas regras? E como é que a gente vai aprender? Os pais vão ficar sem saber se os filhos estão escrevendo certo ou errado? E os jornais? Vão escrever como? Vamos ter de jogar fora todos os livros que existem? E o prejuízo dos editores, como é que fica?

Ai, meu Deus, que confusão! As dúvidas parecem infinitas. Muitas se referem a questões desse tipo — secundárias, acessórias, de detalhe. Basta uma comunicação clara dos responsáveis (e uma leitura atenta por parte de quem na imprensa se ocupar disso) para tudo ficar mais nítido. Aos poucos já está clareando. Até mesmo porque as mudanças afetam menos de 0,5% das palavras que usamos correntemente. E estão saindo vários livros, explicando.

Essa história toda ainda parece muito confusa para a população em geral. Uma sucessão de perguntas sem-fim. Pela leitura do que sai na imprensa ou pelas informações esparsas nos telejornais, cada um diz uma coisa. No fundo, ninguém explica. E fica todo mundo perdido. Com receio de mudanças e novidades. Cada um se sente vagamente ameaçado por algo misterioso, que vai chegar de repente, atingi-lo em cheio e mudar toda a sua vida. Totalmente entregue ao medo do desconhecido. Uns mais, outros menos, é verdade. Mas a sensação dominante é essa.

Surgem então as reações contrárias. Afinal, cada um quer se defender. Os paranoicos de plantão começam a enxergar interesses escusos por trás da iniciativa, ainda que nunca fique claro quais seriam. Levantam-se vagas alusões a lucros imensos que a unificação traria a editores — portugueses, para os receosos no Brasil; brasileiros para os que têm medo em Portugal. Aparecem também as piadinhas, a coisa descamba para a galhofa de uma vez e para a confusão que nada esclarece. Proliferam os exemplos do que se diz de modo diferente lá e cá, e ninguém vai unificar por decreto. Contam-se casos de pronúncias tão diferentes que parecem de idiomas diversos. Citam-se palavras de significado totalmente distinto, a ponto de não serem inteligíveis para os usuários da língua do outro lado do oceano. Ou seriam *utentes*? Ou *utilizadores*? Até isso é diferente...

Já é mais do que hora de explicar direito. E é uma pena que a discussão esteja se travando sem passar por isso. Faz lembrar episódios obscurantistas que hoje nos parecem ridículos, como o da revolta da população carioca no início do século XX contra Oswaldo Cruz e sua campanha de vacinação.

Antes de mais nada, é preciso esclarecer que as mudanças são poucas, muito poucas. E vai haver um tempo razoável para a adaptação. Ninguém vai perder o emprego por conta de se enganar na grafia de uma palavra. Vamos aprender rapidinho. É só querer.

Em seguida, é bom sabermos que essas mudanças não se aplicam à pronúncia. Ninguém vai interferir nesse aspecto soberano do uso da língua — nem conseguiria. E mais: as modificações não afetam em nada o significado das palavras. Os caminhões da prefeitura de Leiria continuarão fazendo sua recolha de monstros toda semana — e estarão simplesmente dedicados à coleta de entulho. O padeiro do Leme continuará a achar graça toda vez que a nova moradora portuguesa do bairro vier dizer que quer um cacete — e lhe entregará uma bisnaga. E o brasileiro desavisado continuará a ouvir no correio de Lisboa que o serviço que procura "está lá, onde se vê aquele puto ao rabo da bicha" e terá de descobrir sozinho que simplesmente "está ali, onde a gente está vendo aquele menino no fim da fila".

A única coisa que muda é a maneira de escrever certas palavras. Pouquíssimas. Mas uma unificação suficiente para que, num organismo internacional, se possa adotar o português como língua oficial em que os documentos sejam impressos, por exemplo. Ou para que os livros editados em um país lusófono possam ficar mais baratos por meio de tiragens maiores visando a um mercado mais amplo. Quem sabe se assim todos não nos conhecemos melhor?

Hoje em dia, embora falada por mais de 220 milhões de pessoas, a língua é preterida nessas ocasiões porque fica impossível saber de que modo vai ser escrita. Nenhuma das grandes línguas do mundo utilizadas nas relações internacionais apresenta esse problema. É claro que há algumas palavras do inglês (bem poucas, aliás) cuja grafia é diferente nos Estados Unidos ou na Inglaterra. E há exemplos de termos em espanhol que admitem ser escritos de modo diverso na Espanha ou em um país latino-americano. Mas a norma que os rege é a mesma, o conjunto de regras que determina como se escreve é unificado. Vem de uma vontade comum de fortalecer o idioma, sem transformar isso num espantalho — enorme e assustador apenas para passarinhos desmiolados.

No fundo, é isso: uma questão de vontade. E de maturidade coletiva, claro. Queremos ficar discutindo, como crianças no quintal, sobre como se escreve a palavra *céu* no final do tabuleiro da amarelinha riscado no chão? Ou queremos assumir no mundo o lugar que somos capazes de ocupar, expandir negócios, estar mais presentes? As letras de nossas canções e as emoções de nossas novelas já levaram a outros países da língua os matizes e o colorido do português falado no Brasil. Sem nenhum problema. Agora é a hora da escrita. Mas precisamos também abrir os braços para a contribuição alheia, acolhendo decisões tomadas de comum acordo por representantes de todos e ratificadas pela maioria.

Como gente grande, é hora de fazer o acordo e dar um abraço.

Vítimas e carrascos

dezembro de 2008/janeiro de 2009

Tenho certeza de que, como eu, você sente um aperto no coração diante da violência que nos cerca. Principalmente em relação às crianças. Todos sabemos de casos terríveis de desrespeito e agressão. Às vezes, maus-tratos e abusos em casa têm encontrado alguma solução a partir do carinho atento de professores, que desconfiam do problema e interferem, seja conversando com os pais, seja chamando a atenção das autoridades competentes. Outros episódios terríveis, porém, ocorrem no próprio ambiente escolar e partem dos alunos.

Há uma tendência a achar que isso só acontece nas escolas públicas de áreas carentes. Sem dúvida, em situações de risco social muito intenso para a infância e a adolescência, a questão se exacerba pela presença de armas, de gangues, e pela ligação com quadrilhas no entorno do colégio. Dá uma sensação de impotência, em que a gente fica sem saber o que fazer.

Mas alguns exemplos recentes me convencem de que o problema não é só social nem cabe nesse estereótipo. E desconfio que a omissão dos educadores desempenha um papel neles. Mais que isso: quando o processo educacional não estabelece limites para certos comportamentos desde que eles começam a se manifestar, é como se sinalizasse que a sociedade lava as mãos. Um personagem de Dostoiévski acha que, se Deus não existe, tudo é permitido. Talvez a escola esteja ajudando a mostrar que, se não existe autoridade, vale tudo.

Conto alguns casos.

O primeiro, numa escola particular no Rio, altamente prestigiada, sempre nos primeiros lugares do vestibular. A situação começa na aula de educação física. Alguns alunos aproveitam o jogo de basquete para fazer faltas num colega. Ele tem 13 anos e, porque é federado, treina no clube três vezes por semana e tem dispensa de jogar. Nesse dia quis entrar na quadra. Jogava melhor que os outros, claro. As faltas contra ele foram ficando cada vez mais violentas. Dirigiu-se ao professor-juiz:

— Não vai apitar falta?

— Se apitar, não tem jogo. É uma atrás da outra...

Foi o sinal verde, logo decodificado pela equipe inteira: liberou geral. Juntaram-se todos contra um, que passou a reagir também fisicamente. No tumulto, empurrou um dos colegas. Ou bateu nele, na cara, segundo outra versão. O menino prometeu acertar as contas na saída. Mas nesse dia havia muita gente, o outro se meteu no meio e escapuliu.

No dia seguinte, depois de 24 horas para pensar, assim que entrou em sala, o valentão se dirigiu ao colega ameaçando:

— Eu hoje na saída vou acabar com você.

O outro tentou repetir a estratégia da véspera. Não conseguiu. O agressor o seguiu por um quarteirão, até a porta de casa. Lá, o atacou com a arma que trazia na mão: uma pedra portuguesa, dessas que cobrem as calçadas cariocas. Foram três golpes com força na cabeça. No meio da sangueira, o porteiro do prédio, que já vinha abrir a porta, conseguiu apartar os dois e chamar por socorro. Hospital, pontos, queixa na delegacia. E a certeza de que por muito pouco se evitou algo pior. Uma semana depois, os responsáveis pela disciplina na escola ainda estavam estudando o que fazer. A maior e primeira preocupação era abafar, para não perder alunos. Estudava-se uma punição. Mas até onde eu soube, não se aproveitou o episódio para uma discussão franca e aberta sobre a cultura da violência. Os brigões não foram chamados para uma conversa. E o professor de educação física? Ah, não tem nada a ver com isso.

Em outra escola, também modelar, desde as primeiras séries as meninas pedem para ir de *short* por baixo do uniforme, ou para usarem calça comprida. Porque a diversão dos meninos, desde pequenos, invariavelmente, é levantar a saia delas. E os professores acham que criança é assim mesmo, não tem jeito.

Em outra, igualmente considerada exemplar, uma menina de 10 anos, a mais moça da turma e transferida de outro colégio, começou a ser hostilizada pelas outras. Quando os pais dela tentaram conversar com a orientadora educacional, ouviram a sugestão:

— Vocês não acham que ela pode estar tendo problemas para assumir a própria sexualidade?

Como assim? A culpa é da vítima? A escola não tem nada a ver com isso?

Em outro colégio, iam pesquisar a medição do tempo. Pediram a cada criança que levasse um relógio. O menino de seis anos insistiu até convencer a mãe de que, se não levasse o dela, ia ser prejudicado. Na presença da professora, alguns colegas pegaram os diversos relógios e começaram a passar adiante. O dele não voltou, a campainha tocou, a aula acabou, todo mundo saiu correndo. No dia seguinte, a mãe foi reclamar. Ouviu que a responsável era ela, não devia ter deixado. Talvez, reconheceu. Mas será que a professora (ou alguém) não poderia tentar apurar o que houve? Ah, não, seria ofensivo... Não se pode fazer uma coisa dessas, equivale a insinuar que alguém roubou.

Cora Rónai um dia escreveu que é do tempo em que, se alguém chegasse em casa com um apontador novo dizendo que tinha achado na escola, ouviria dos pais que tudo tem dono, era preciso procurar de quem era. E todo colégio tinha um armário de achados e perdidos. Mas também todo mundo se sentia responsável por formar as crianças, além de transmitir conhecimentos.

Não consigo deixar de ver uma relação entre essas duas coisas — de um lado, a violência crescente e o egoísmo; do outro, a atitude de dar de ombros e deixar para lá, por parte de quem devia educar. É claro que muitas famílias estão se omitindo. Mas isso é desculpa para que um professor deixe uma criança sofrer?

A mais poderosa ferramenta da educação é o exemplo. Quem se omite ensina a ser egoísta e ajuda a desenvolver a indiferença pelos outros. Um professor não pode achar que sua função é apenas transmitir conhecimentos específicos ou repetir frases-feitas como "desenvolver a consciência crítica e a cidadania". Tem que ser educador para a vida toda, em cada minuto de seu contato com os alunos. Ou seja, ajudar na incorporação dos valores morais e sociais que constroem a civilização, não a barbárie. Proteger os pequeninos e mais fracos é até instintivo, para garantir o futuro da espécie. Não dá para ficar em cima do muro e se lixar para as vítimas. Isso é ser cúmplice do carrasco.

Ler juntos
fevereiro de 2009

Andei conhecendo algumas experiências muito interessantes nos últimos tempos e gostaria de contar para vocês. Até porque em geral partem de iniciativas muito simples. Sem pretensões, dão certo graças à seriedade e determinação que as animam.

Nas próximas cartas lhes conto algumas bem brasileiras e entusiasmantes. Mas começo falando de uma iniciativa que nos leva a outro país — a Espanha. Irradia-se a partir de Ballobar, um povoado minúsculo, de apenas mil habitantes, em plena zona rural, ao pé das altas montanhas dos Pirineus. Se vocês entrarem na internet para procurar, vão até ter dificuldade de encontrar uma ou outra foto do local, com seus paredões de pedra por trás de uma aldeiazinha entre campos de cultivo de pêssego e pera.

Ballobar tem uma única escola e fica nos arredores de Fraga (13.000 habitantes), província de Huesca. Fui lá para um encontro internacional em torno a bibliotecas e levei um susto ao chegar. A escola estava toda decorada com meus personagens e as ruas, com cartazes neles inspirados: papagaios, centopeias, o porquinho Camilão, reproduções do brasileiríssimo bumba meu boi, meus meninos e meninas tropicais... De tarde, uma peça de teatro de sombras, baseada em meu *Domador de monstros*. Crianças, adolescentes e adultos tinham lido vários de meus livros. Inclusive pais e professores. Receberam-me com um carinho verdadeiro e surpreendente, nascido do convívio e da intimidade com o que escrevi. Nem vou contar os tantos casos comoventes. Agradecida, emocionada, admirada, fui aos poucos descobrindo o que estava por trás e ao fundo daquilo tudo. Um projeto chamado *Ler Juntos*, criado há 15 anos por duas professoras locais: Carmen (do secundário) e Mercedes (do ensino fundamental).

Funciona assim: dirige-se principalmente aos pais e professores. Vai quem quer, quando pode. Reúnem-se uma vez por semana na escola para conversar sobre o que leram em casa e escolher leituras para a semana seguinte. Começaram com a leitura de jornais, revistas, depois artigos selecionados pelo próprio grupo, sobre assuntos que despertavam mais interesse. Foram passando a livros infantis, contos, poemas, romances, ensaios. Os livros são pedidos de empréstimo nas bibliotecas da região, circulam entre os membros do grupo e são trocados entre os participantes nos postos que funcionam na padaria, no açougue, na banca de jornais. Pode-se levar às reuniões novas sugestões de leitura ou textos para ler em voz alta. Cismaram de ler o *Dom Quixote*, integral. Levaram dois anos lendo, semana a semana, e adoraram. O projeto foi contagiando outros lugares, vizinhos ou mais distantes. Hoje existe em 27 localidades. Mudou a vida das pessoas.

Os resultados escolares deram saltos e essas escolas ganharam prêmios nacionais, traduzindo a fantástica melhora no nível dos professores e das famílias, agora leitores. Há mães que eram adolescentes na escola quando suas mães começaram a participar do projeto, e agora se juntam ao grupo. Boa parte dos alunos que concluíram o ensino médio agora está em universidades das cidades próximas (Zaragoza ou Barcelona). Uma mãe menos atraída por leitura e que se interessava mais pelas ilustrações e pelo visual dos livros começou a explorar isso profissionalmente — hoje é a fotógrafa da região, com câmera digital, cheia de lentes. Outra, após alguns anos, resolveu ir para a universidade: forma-se este ano em biblioteconomia. Outra, empreendedora, quis abrir seu próprio negócio: uma ótima livraria em Fraga que hoje atende à região, até importando livros.

Passei uma manhã conversando com esses pais e professores — e um empolgado diretor —, pois o projeto contagiou o sistema. São exigentíssimos: só querem ler o que é bom, dizendo que são todos muito ocupados para perder tempo com bobagem. Os filhos universitários se orgulham das famílias (não conheço melhor exemplo do tal "resgate de autoestima" de que tanto se fala). O projeto ganhou o Prêmio Nacional de Promoção de Leitura em 2005 e todo o povoado celebrou a vitória. Às vezes fazem passeios literários, nos feriados: uma viagem de ônibus pelo cenário dos poemas de Antonio Machado, por exemplo. Ou excursões culturais: foram a Zaragoza ouvir um concerto, em seu primeiro encontro ao vivo com uma orquestra sinfônica.

Numa das 27 localidades, não funciona na escola, mas numa biblioteca pública. Pais e professores fizeram um movimento para que o prédio pudesse abrir de noite e nos fins de semana. Era complicado (como aqui, como em toda parte: é preciso respeitarmos os horários do funcionalismo). Pressionaram tanto que conseguiram terceirizar o horário: uma empresa foi contratada e treinada para cumpri-lo, com empregados que não tomam decisões técnicas, mas cuidam da sala, e deixam tudo limpo e em condições para que durante a semana os funcionários regulares se encarreguem da rotina.

Lendo juntos, esses adultos confirmam quanto vale o bom exemplo na educação. Fica para sempre.

Merecemos mais

março de 2009

Recebi umas cartas muito carinhosas de alguns de vocês. Respondo coletivamente por duas razões. Elas foram remetidas juntas no mesmo envelope. E as questões nelas levantadas podem interessar a todos, de um modo geral.

Os remetentes são formandos da mesma faculdade, no Paraná. Têm lido e estudado livros teóricos, meus e de outros autores — como Antonio Candido, Ricardo Azevedo e Regina Zilberman — na cadeira de Literatura Infantojuvenil. Citam, especificamente, os meus *Contracorrente* e *Texturas*. Ou seja, são pessoas informadas e interessadas em refletir sobre o ensino, os bons livros e seu potencial emancipador. Leram, estudaram, debateram esses assuntos em sala de aula com a professora da cadeira.

Fazem uma série de perguntas, muitas das quais já respondidas nos próprios textos que informam ter lido. Por exemplo: o critério de seleção dos livros a serem apresentados aos alunos deve ser o sucesso comercial?

Essa é fácil de responder, com uma única palavra: não. Outras, embora sobre situações mais complexas, também podem ser resumidas em uma resposta curta. Qual o melhor incentivo para formar novos leitores? O exemplo. Gente que lê (e fala com entusiasmo do que leu) desperta nos outros a curiosidade para seguir seu exemplo e procurar ler também. Ainda mais se for um professor querido e admirado, capaz de atrair os alunos para a descoberta e exploração de um mundo novo.

Mas as cartas levantam também outras dúvidas que revelam riscos de equívocos perigosos e frequentes. Por isso, vale a pena examinar essas questões mais de perto. Uma tem a ver com a própria formação dos nossos professores que, em questões ligadas à leitura, tende a ser mais teórica do que prática. Com isso, podem até conhecer muita metodologia, mas têm pouca chance de ler literatura para seu próprio prazer, caindo na armadilha de sempre se aproximar de um texto com olhos de quem busca o que consegue extrair dele. Não estando acostumados a ler para si mesmos, a mergulhar com empolgação na leitura do que lhes dá na telha, sentem dificuldade em entender que o aluno tem o direito de ler aquilo que o arrebata e carrega e não apenas aquilo a que é obrigado.

Outra é a noção muito arraigada de que arte não tem muito a ver com a realidade imediata do povo e de que a linguagem simbólica deve ser evitada. Assim, acha-se que a literatura deve ser substituída por textos de outro tipo, "preocupados com o universo do aluno", capazes de "promover uma conscientização coletiva" e assim evitar a "elitização da literatura". Dessa forma, o caminho acaba sendo o de negar às camadas populares o acesso a algumas das mais importantes conquistas da humanidade: as formas de experiência estética e enriquecimento mental, espiritual e emocional que a intensa vivência da beleza artística é capaz de proporcionar. Valorizar a arte popular não pode levar a desprezar as criações não populares e vice-versa.

Uma atitude desse tipo equivale a uma apropriação indébita de bens culturais, guardados numa reserva de mercado para quem pode. É uma injustiça com os menos favorecidos economicamente e a escola não pode ser cúmplice disso.

Existem várias experiências, pelo país afora, de trabalhos que vêm sendo feitos com orquestras de crianças e jovens de áreas carentes, executando música erudita dos grandes mestres, descobrindo um mundo antes insuspeitado, abrindo novos horizontes. Recentemente, a televisão mostrou um momento comovente quando, ao final de um desses concertos, um menininho violinista, todo endomingado em seu terninho, correu para a plateia e abraçou o presidente Lula, igualmente emocionado. Ninguém ousou dizer que aquela música era elitista, sem nada a ver com a vida de quem estava ali. Todos sentiam que ela lhes falava, até mesmo nos olhos cheios d'água e no aperto do coração.

Por que a literatura tem de enfrentar esse preconceito? Por que até mesmo os professores que estariam sendo bem formados manifestam essa desconfiança em relação à linguagem literária? Por que, em vez de desculpar sua não leitura com esse tipo de argumento, eles não passam a procurar bibliotecas e a ler, para seu deleite, romances de Jorge Amado ou Érico Veríssimo, contos de Lygia Fagundes Telles, Clarice Lispector ou

Rubem Fonseca, crônicas de Fernando Sabino ou Rubem Braga, poemas de Vinicius de Moraes ou Manuel Bandeira, peças de Ariano Suassuna?

Se não gostarem desses autores, tentem outros. Em algum livro irão achar seus parceiros da alma. E compreender que essa "elitização da literatura" não existe nem é ameaça alguma. Mas pode, sim, ser uma balela, repetida há anos, que mantém a maior parte da população brasileira — inclusive professores — longe de autores que falam por nós e nos permitem viver vidas mais intensas, ricas e variadas. Não é possível acharmos que nos basta apenas a realidade dos jornais e revistas e material semelhante. Ou que toda a nossa dor e nossas alegrias cabem nas palavras objetivas do noticiário. Somos maiores que isso e merecemos mais.

Um olhar cheio de esperança

abril de 2009

Fiquei devendo, e reconheço. Quando escrevi sobre as atividades de promoção do livro que vi na cidadezinha espanhola de Ballobar, prometi que outro dia conversaria sobre projetos que acontecem no Brasil. E não fiz isso na carta seguinte. Não porque tivesse me esquecido. Apenas para variar um pouco os assuntos e não ficar dois meses seguidos falando sobre o mesmo tema.

Agora cumpro a promessa. Mas é só o começo de uma conversa com tanto assunto que nem dá para se esgotar nos limites desta nossa carta. O que existe de bom programa de estímulo à leitura por este Brasil nem dá para calcular. Só para ter uma ideia: a Fundação Nacional do Livro Infantil e Juvenil (FNLIJ) criou e executa há 15 anos um concurso chamado *Os Melhores Programas de Incentivo à Leitura junto a Crianças e Jovens de todo o Brasil*, desde 2005 patrocinado pela Petrobras. Se você tiver algum, mande o seu. Durante esse tempo, a FNLIJ (www.fnlij.org.br) recebeu anualmente centenas de inscrições, com atividades de todas as amplitudes, desde os que cobrem vastas áreas aos mais modestos, porém consistentes, como o da moça do interior do Paraná que rifou uma mula para comprar livros infantis.

Essa iniciativa serviu de base e inspiração para a criação do Prêmio Vivaleitura, também um sucesso. A própria FNLIJ tem alguns projetos interessantes em parceria com a iniciativa privada. Um deles é o *Ler é Preciso*, de Bibliotecas Comunitárias, junto com o Instituto Ecofuturo, uma ONG ligada à Suzano Papel e Celulose. Outro é o *Natal com Leituras*, junto com a Biblioteca Nacional, que distribui livros para crianças no final do ano e organiza encontros com escritores e contadores de histórias.

Um programa amplo, variado e muito bem feito, que existe há 14 anos, é o *Crer para Ver*, da Natura, num esforço conjunto da iniciativa privada, o setor público e organizações da sociedade civil. Fui ao encontro anual deles em 2008 e fiquei muito bem impressionada — com os resultados, a qualidade das propostas, o entusiasmo do pessoal, a abrangência dos projetos. Garimpando boas ideias aqui e ali, e tratando de apoiá-las, o programa hoje abrange desde *Em Cada Saber um Jeito de Ser*, na educação de jovens no semiárido baiano, até os *Encontros de Leitura* voltados para crianças de 4 a 6 anos em 10 municípios de diferentes estados. Estes trabalham em algo fundamental: a formação de professores-leitores. Cria e distribui materiais de apoio de excelente qualidade, seleciona e doa acervos bons de literatura infantil, incentiva clubes de leitura e procura trabalhar com o sistema, envolvendo diretoras, coordenadoras, equipes das secretarias de Educação.

O *Crer para Ver* me impressionou especialmente por sua seriedade e sua capilaridade, já que utiliza a rede de consultoras da Natura, em trabalho voluntário e adesão facultativa, e chega a toda parte. Faz parcerias com outras instituições (como o Centro de Educação e Documentação para Ação Comunitária — Cedac) e atua em rede com organizações ligadas a outras empresas, como Gerdau e Instituto C&A. Tem coisas como o *Projeto Chapada*, criado a partir do inconformismo de uma jovem pedagoga de um dos municípios da Chapada Diamantina. Quando iniciou sua vida profissional na área, ela ouviu da diretora:

— Essas crianças não têm jeito. Tudo filho de analfabeto. Vai tudo trabalhar na roça. Se você conseguir que elas saiam da escola assinando o nome e sabendo contar, já está de bom tamanho.

A moça queria mais. Inconformada, foi à luta. Desenvolveu um projeto de leitura que já dura nove anos, envolve 25 municípios da região, mobiliza professores e alunos para a leitura.

O Sesc é outra entidade que realiza várias atividades na área de estímulo à leitura, algumas muito interessantes, como o projeto *De Quem é essa História?*, de Araraquara. Ou o *Letras Miúdas*, de Santo André. Seu sucesso dá o exemplo, este ano seguido por outras unidades, como a de Maceió. Também o Instituto Ayrton Senna tem iniciativas interessantes na área, como o *SuperAção Jovem*. E o Instituto C&A estabeleceu parcerias com a FNLIJ para o Salão do Livro Infantil e a organização de seminários de promoção de leitura. A Fundação Santillana igualmente tem se destacado nessa área de seminários, trazendo especialistas internacionais para apresentar suas ideias às plateias brasileiras. E os grandes encontros nacionais em torno do livro, como o Congresso de Leitura (Cole) em Campinas ou as Jornadas Literárias de Passo Fundo (RS), sempre dão destaque à promoção da leitura infantil.

Além desses grandes projetos, multiplica-se o trabalho de formiguinha, em uma imensa quantidade de escolas, por todo canto. Fruto do entusiasmo de uma professora empolgada, ou uma coordenadora bem preparada, uma diretora atenta às necessidades dos alunos, uma comunidade disposta a pressionar e exigir. Anime-se e desenvolva o seu.

Por tudo isso, dá para ter esperanças. E olhar para a frente com alento renovado.

O direito de aprender

maio de 2009

Os jornais publicaram uma pesquisa feita com professores, a respeito do que consideram ser seu papel na sociedade. Muita gente se espantou ao ver que a maioria citou em primeiro lugar a construção da cidadania e não a transmissão de conhecimentos ou algo parecido. E aí, já se sabe, cai todo mundo de pau no lombo dos professores. Parece que tudo é pretexto.

Acho que vale a pena olhar isso um pouco mais de perto e é o que me proponho a fazer hoje. Na verdade, até concordo com os críticos que chamaram a atenção para o absurdo representado por uma resposta maciça desse tipo. Afinal de contas, é inegável que a melhor maneira de um professor contribuir para garantir os direitos dos cidadãos numa sociedade é ensinar bem, de modo que o aluno possa contar com seu apoio na construção do próprio conhecimento. Disso não tenho dúvidas.

Mas não cheguei a ficar surpresa. Meu contato com professores, quando faço palestras, já me dava essa impressão. Não concordo, porém, que a culpa deva ser jogada só nos ombros de vocês. Para começar, a própria Constituição de 1988 — a chamada Constituição Cidadã — deu origem a esse equívoco, ao enfatizar tal aspecto dos objetivos da educação. Era natural, acabávamos de sair de uma ditadura e valia a pena insistir nessa recomendação democrática. Até aí, nada demais.

Os problemas começam numa distorção sobre o próprio entendimento do que é cidadania. E, por extensão, do que são os direitos dos cidadãos. Fez-se a recomendação constitucional, mas a formação dos professores não passou a aprofundar esses conceitos. Assim, tudo vira chavão. Frase oca.

Quando a gente começa a pensar nisso para valer, esbarra numa noção que me parece muito bonita: cidadania tem a ver com cidade. Com gente que, em vez de viver espalhada pelos campos onde plantava, pelas montanhas onde pastoreava, pelas florestas onde caçava ou os rios em que pescava, passou a construir casas mais próximas, procurando morar perto de seus semelhantes. Nesse processo, um tinha de respeitar os limites do vizinho, para permitir a convivência. É para isso que surgem as cidades — para organizar o poder, dar mais segurança à comunidade, facilitar o comércio, administrar a justiça, arrecadar impostos que criem serviços e bens comuns e diminuam as desigualdades. Num convívio organizado.

Aliás, é interessante observar quantas palavras fazem parte dessa constelação de sentidos. Prestar atenção à linguagem que falamos todo dia pode nos revelar muita coisa. Nas línguas clássicas das quais nasceu o português, palavras diferentes designavam *cidade: civitas, urbs, polis*. Delas vieram termos que designam várias noções que têm a ver com a harmonia de convívio. Da primeira, temos *cívico, civil, cível, civilidade, civilização, civilizado*. De *urbs* temos *urbano, urbanidade*. De *polis*, temos *política, polícia, polidez*. Em seu conjunto, apontam para a necessidade de afabilidade e respeito aos outros, para a presença de leis e de garantia de seu cumprimento, para o fim da lei da selva que regia os animais.

Por isso, quando se fala em cidadania e direitos, é imprescindível lembrar que o direito de cada cidadão termina onde começa o do outro. Ou seja, que a cada direito corresponde um dever. Co-responde. Quer dizer, cada um vem acompanhado de uma responsabilidade, a forma de responder a ele.

Então, nenhum cidadão pode ter o direito de desrespeitar o sinal vermelho no trânsito, nem de ouvir música em volume alto incomodando os outros, nem de interromper aos berros quem está falando, nem de jogar lixo na rua etc. Essas noções são elementares.

E todo cidadão que matricula seu filho em uma escola tem o direito de esperar que ele seja educado nessa instituição. Que aprenda os conhecimentos indispensáveis, que adquira as competências que o sistema de ensino promete. Que possa ler, escrever, argumentar, se defender, dominar as operações matemáticas básicas, fazer regra de três, localizar-se no planeta e na História. Que entenda os noticiários para que saiba o que acontece no país e no mundo, e possa tomar posição diante do que pode afetá-lo. Que se sinta seguro para pensar pela própria cabeça. Que tenha suas diferenças respeitadas. Que saiba onde encontrar uma informação ou orientação quando precisar dela, numa biblioteca ou na internet. Que não se sinta inferior a ninguém. Que reconheça e respeite nos outros os mesmos direitos.

Por sua vez, o professor em cuja classe esse aluno está matriculado tem o dever de respeitar esses direitos. Terá também os seus, e deve lutar por eles: melhor formação, remuneração justa, boas condições de trabalho. Mas não pode esquecer que é responsável direto pela garantia do mais elementar direito de seus alunos: não ser enganado e poder aprender na escola. O professor não pode compactuar com aquela fraude a que se referia Darcy Ribeiro, em que o aluno finge que aprende e o mestre finge que ensina. Construção da cidadania começa por aí.

Letras e números

junho/julho de 2009

Venho de uma família de professores. Quer dizer, além de todo o respeito que tenho intelectualmente pelo magistério e sua importância social, também estou ligada à profissão por laços afetivos e modelo familiar. Minha mãe foi normalista. Na família dela, uma irmã foi professora de ensino fundamental no interior, numa daquelas escolas de classe única, (literalmente no meio do mato, às margens do Rio Doce), com crianças de todas as idades e níveis reunidas numa só sala. Um de seus irmãos foi professor de História. Um dos cunhados, de Português. Uma cunhada, também professora primária, como se chamava na ocasião, foi diretora de grupo escolar, educadora marcante, adorada por alunos e colegas.

Os vínculos com a escola continuaram na geração seguinte. Era natural que eu sonhasse em ser professora. Dei aulas durante boa parte de minha vida — tanto no antigo primário, quanto no que se chamava ginasial, no que era conhecido por curso clássico e na universidade. Tenho vários primos professores, de diferentes disciplinas, em diferentes níveis de ensino. Um deles foi reitor de uma universidade. Como também tinha sido meu avô, primeiro reitor da Ufes e, antes disso, professor de Matemática e Física durante cinquenta anos em Vitória. Com toda certeza, foi com ele que tudo começou para nós.

Talvez tenha sido um pouco em homenagem à memória dele que eu, claramente uma vocação para o universo das letras, tenha sempre procurado me manter próxima ao mundo dos números. No então ensino médio, escolhi cursar o científico, e não o clássico. Como jornalista, dirigi durante anos um sistema com dezenas de sucursais e correspondentes estrangeiros, e me orgulho de ter sido eficiente gestora de um orçamento complexo. Tive e gerenciei uma livraria durante 18 anos. Ensinei rudimentos de economia a meus filhos desde pequenos. Fico feliz em dizer que nenhum deles é consumista. Sou convencida de que uma sociedade democrática pressupõe uma compreensão compartilhada dos mecanismos econômicos que nela atuam.

Por tudo isso, às vezes me espanto: como a educação fundamental brasileira imagina que pode passar sem isso? O resultado é que temos a tendência de achar que dá para encarar a complexidade da economia apenas repetindo uma coleção de chavões e clichês, e que conversa de economista é sempre uma empulhação. Conheço pouquíssimas experiências escolares capazes de incorporar noções simples da matéria desde o início dos estudos. Aliás, em qualquer nível. Mesmo adolescentes que vão entrar em breve na universidade geralmente ignoram os rudimentos mais elementares de como agem as forças econômicas. No entanto, sei de um professor que resolveu explicar aos alunos como funciona o sistema de Previdência Social, para que entendessem o famoso fator previdenciário, já que eles é que vão pagar a conta futura ou ficar sem nada. A resposta da meninada foi alentadora. Não só entenderam (e puderam explicar aos pais) mas passaram a ter outra visão de cidadania. Compreender é poder criticar. E participar com consciência.

Recentemente, um programa de televisão experimentou deixar o controle do orçamento de uma família nas mãos de uma adolescente. Bastou explicar os princípios que devem reger essa responsabilidade. Todo o país viu como deu certo.

Muitos conceitos básicos de economia estão perfeitamente ao alcance dos alunos, desde muito cedo. Por exemplo, a lei da oferta e da procura, que faz com que seja mais caro aquilo que é mais raro. Ou o princípio de que não se deve gastar mais do que se ganha. Dominada essa noção, pode-se até começar a ver como flexibilizá-la. Uma boa maneira é examinar o que é esse tal de "dinheiro do governo" de que todo mundo fala. Governo não produz riqueza. Seu dinheiro só pode vir de três fontes. Ou cobra impostos, ou pede emprestado, ou fabrica papel e moeda sem lastro — quer dizer, sem ter guardado os valores equivalentes, que esse dinheiro simbolizaria. Nesse caso, passa a ser despejado no país um dinheiro sem valor, que se mistura com o outro, fazendo com que cada dia tudo valha menos: é a inflação. Se os impostos aumentam, há um limite e uma responsabilidade de prestar contas a quem realmente paga — os contribuintes. Se o processo de levantar fundos for o endividamento, a conta vai ter que ser paga um dia, mesmo que em governos futuros. Ficar adiando esse dia obriga a novos empréstimos a juros cada vez mais altos. Se não forem altos, não aparece emprestador, com medo do calote ou adiamento.

Não é complicado entender esse mecanismo. E é mais útil ter uma escola que o explique do que ficar apenas repetindo *slogans* contra ele. Entender faz com que a população seja mais exigente sobre a forma de gastar esse dinheiro e prefira investimentos reais a desperdício.

Sobretudo num momento de crise, faz falta uma educação econômica básica. Um professor que a procure para si mesmo pode partilhá-la com os alunos no dia a dia. Experimente. O futuro agradece.

A fábula estava errada

agosto de 2009

Quando a gente lembra com saudade o tempo da escola, geralmente pensa mais é na hora do recreio, ou nas conversas e brincadeiras com os amigos, dentro da classe ou fora dela. Mas sabemos também que as marcas mais profundas que o colégio nos deixa não estão apenas na convivência social e afetiva com os colegas. O que realmente vai fazer diferença pela vida afora é o que os professores nos deixaram. A informação e a formação. O que nos ensinaram e os valores que nos transmitiram.

Mas, de um modo geral, a escola brasileira atual se comporta como se esse tempo de aula fosse desprezível e sem importância. Não vou nem falar no ano letivo que tolera faltas, multiplica feriados e incentiva enforcar os dias em torno a eles de modo a formar os feriadões e reduzir o tempo de trabalho. Nem nas greves, com tudo o que trazem de prejudicial ao ensino, como se não existisse outra forma eficiente de protestar e reivindicar. Basta analisarmos a duração da jornada escolar para percebermos que algo anda muito errado nesse aspecto, a exigir correção.

Quando eu estudei — em escola pública — tinha aulas das 7h30 às 12h20, quase cinco horas por dia. Seis dias por semana. E já era pouco tempo na escola, comparado aos padrões internacionais. Na maioria dos países ocidentais, os alunos ficam na escola em torno a sete horas diárias. Em alguns países, mais que isso. Tudo bem, não é aula o tempo todo. Há estudo dirigido, atividades extraclasse, turmas de reforço. Mas num ambiente que favorece o aprendizado e sob supervisão pedagógica.

Hoje em dia, entre nós, a jornada escolar média na escola pública está em torno a três horas e meia, metade desse tempo. No fim de um ano, o aluno brasileiro terá estudado a metade do tempo que um estudante estrangeiro, de país que valorize a educação. No fim dos nove anos do ensino fundamental, terá feito o equivalente a quatro anos e meio de seu correlato em outros países. O tempo transcorrido no calendário terá sido o mesmo para ambos. Por exemplo, um e outro podem ter entrado no ensino fundamental em 2000 e estarão saindo em 2009. Mas os nossos estudantes terão aproveitado muito menos de todos esses meses e anos, apenas 50%, e desperdiçado a metade da sua vida escolar. Não há por que se espantar se todos os testes internacionais revelam que seu aproveitamento é tão menor — ainda que vários outros fatores também entrem em jogo para influenciar esses resultados.

Algumas experiências entre nós têm tentado agir em busca de soluções para esse problema, incentivando o aumento da carga horária escolar. No Espírito Santo, as autoridades têm um projeto que estimula as escolas que conseguirem aumentar o número de horas que os alunos passam no colégio — e de aulas a eles ministradas. O Instituto Ayrton Senna também desenvolve projetos nesse sentido, com programas educacionais que buscam acelerar a melhoria da qualidade de ensino, por meio de parcerias entre empresas privadas, prefeituras e governos estaduais. Recentemente, um artigo de Viviane Senna chamava a atenção para um fato assustador: estudos especializados têm comprovado que, se continuar nesse ritmo, o ensino público brasileiro vai levar 247 anos para chegar ao ponto em que está hoje o nível educativo nos países desenvolvidos. Quase dois séculos e meio. Metade do tempo histórico do Brasil. Muito mais do que existimos como nação independente. E quando chegarmos lá, eles já levaram esses 247 anos avançando e estarão bem à frente. Essa lebre não fica dormindo à beira da estrada esperando a tartaruga passar. A fábula estava errada. A ingenuidade de acreditar nela pode ser fatal.

Se não fizermos nada, esse atraso tende a se acentuar. Alguns desses outros países se dão conta de que podiam ir mais depressa, e buscam acelerar. Nós tendemos a ficar na contramão: festejamos quando se cria mais um feriado e, oba!, não precisamos estudar nem trabalhar. O primeiro discurso do presidente Barack Obama sobre educação, ao visitar uma escola em março, trazia a exigência textual: "Os desafios do novo século demandam mais tempo em sala de aula. (...) Muitos podem achar radicais essas exigências. Mas, se foi possível fazer isso na Coreia do Sul, podemos fazer isso nos Estados Unidos".

E nós? Claro que podemos. Se quisermos. Não precisamos manter essa velocidade de devagar-quase-parando. Viviane Senna também nos lembra que pesquisas coordenadas por Ricardo Paes de Barros para o Instituto de Pesquisa Econômica Aplicada (Ipea) e o Instituto de Estudos do Trabalho e Sociedade (IETS) mostram que é possível apressar a melhora de nível e aumentar essa velocidade entre duas e oito vezes — como está acontecendo em quase um quinto dos municípios brasileiros, que decidiram dar uma prioridade a esse aspecto. Basta querer. E pressionar as autoridades para que busquem essas parcerias e tornem viáveis programas desse tipo. A extensão da carga horária é uma poderosa ferramenta nesse esforço.

Hora do recreio é muito legal. Mas o que vem antes e depois dela é que constitui a razão de ser da escola.

Ler e escolher livros

setembro de 2009

Um dia desses, na correria entre fazer uns pagamentos e as compras do mês, a gerente do banco me viu e chamou para conversar. O assunto era um livro que a escola do filho dela, de 3 anos, tinha recomendado. Não sci que livro era, mas o menino e a mãe acharam bobo e sem graça, ainda que metido a engraçado. E falava num personagem que come meleca.

Não conseguindo ver a razão da recomendação, ela perguntou à professora. Ouviu que nessa idade é importante que as crianças aprendam noções de higiene e esse era o único livro que havia para poder introduzir o tema. Agora ela me perguntava se eu conhecia algum outro.

De imediato, lembrei que uma das primeiras histórias que escrevi (*Quenco, o Pato*, pela Ática), quando meu filho tinha 2 anos, era sobre um patinho que não queria tomar banho porque a água era molhada. Ou porque o banho interrompia a brincadeira. Ficou a sugestão.

No supermercado, encontrei uma amiga professora e contei o caso. Ela me respondeu, na bucha:

— Mas, Ana, tem um monte de livros ótimos sobre isso! Divertidos, cheios de outras ideias boas, com histórias que as crianças adoram. Só seus têm uns cinco. E mais da Ruth Rocha, da Sylvia Orthof, tanta gente boa...

Aproveitamos que o supermercado era desses com um cantinho tipo bar, pedimos um café e continuamos o papo.

Minha amiga, hoje coordenadora pedagógica de uma escola, foi lembrando mais títulos. Citou logo dois da Sylvia para pequeninos (*A limpeza de Teresa* e *Um pipi choveu aqui*). E mais quatro meus: três da Moderna (*Que lambança!*, *Banho sem chuva* e *Balas, bombons, caramelos*) e um da Ática, *Avental que o vento leva* (com lavadeira e limpeza das roupas).

A partir daí, a conversa se ampliou. Lembramos vários livros lindos sobre água e chuva que podem propiciar uma bela abertura de assuntos com os pequeninos. E um da Liliana Iacocca sobre um cachorro pulguento. Alguns de Mary e Eliardo França que poderiam dar passagem ao tema. Ou, entre os traduzidos, *O rei Bigodeira e sua banheira* (Audrey Wood) e *O casamento de Porcolino* (Helme Heine), com todos os seus convidados porcalhões e imundos. Enfim, livro bom é o que não falta.

— O que falta é leitura dos professores! — vociferava minha amiga.

Tentei explicar que não há como um professor se manter atualizado, diante de tanto livro editado anualmente.

— Essa desculpa não cola. Nenhum desses é tão recente assim. Um ou outro pode ter saído há uns três anos, mas são todos clássicos. Muitos deles têm mais de 15 anos de publicados. Deviam ser lidos no curso de formação de professores. Não estou propondo novidades, nem um assunto do fundo do baú. Todo ano, em todas as turmas de alunos pequenos, a gente em algum momento tem de falar de banho, de escovar dentes, de boa alimentação, de sono. Não somos atropeladas por um acontecimento inesperado. É da rotina pedagógica. Como é que os cursos de formação não preparam direito para isso?

Essa observação deu origem a outra reflexão. A literatura infantil brasileira de qualidade, traduzida em várias línguas, ganhadora de prêmios e celebrada internacionalmente, é respeitada por pais, professores e adorada pelas crianças, a cada nova leva de leitores que chega. No entanto, muitas vezes, os responsáveis por políticas de leitura tentam se desviar dela e inventar outras saídas, como se fosse necessário fugir do consagrado ou relegar a literatura à companhia da moda, que todo ano precisa ter uma coleção nova. Ou do jornal da véspera, que hoje forra a gaiola do passarinho.

Volta e meia vemos questionamentos sobre livros distribuídos em escola por programas de leitura. É mesmo difícil escolher. Ainda mais num país com tanto autor novo surgindo e desenvolvendo uma obra de bom nível. Não há quem consiga, individualmente, acompanhar tudo.

A saída é evitar a escolha individual quando não se conhece o livro. Recorrer às instituições que trabalham nesse campo há algum tempo, e já constituíram um acervo de indicações, ano a ano. A Fundação Nacional do Livro Infantil e Juvenil anualmente publica uma lista de livros recomendados. O Instituto Brasil Leitor, fundindo listas preexistentes, também passou a desenvolver a sua. Revistas especializadas organizam sua seleção de melhores livros do ano. A internet pode informar os prêmios já recebidos por uma obra. Nos catálogos das editoras, vale a pena procurar os premiados. São um aval àquele livro, dado por um conjunto de especialistas. Opiniões variadas.

Esse conjunto pode ajudar o professor. Se um autor ganhou vários prêmios com livros diferentes, é mais tranquilo dar um salto no escuro e escolher uma obra sua. Se uma editora recebe num ano o maior número de prêmios em certa categoria, deve escolher bem o que publica. Se uma coleção com escritores diversos tem várias distinções, é sinal de um bom padrão.

Escolher não é simples. Mas dá para selecionar com alguma confiança e responsabilidade. É melhor para todo mundo. Com um bom livro, as crianças aproveitam mais e o trabalho dos mestres fica muito mais fácil.

Seu ensino, seu exemplo

outubro de 2009

De vez em quando, em entrevistas ou encontros com leitores, alguém me pergunta quais foram minhas influências marcantes. Em geral, se mostram surpresos com minha resposta. Esperam, de uma escritora, que eu comece a dar uma lista de autores famosos. Mas eu sei que, de verdade, se não contarmos a família, quem mais me influenciou e deixou marcas em meu espírito foram meus professores.

Não estou sozinha. Tenho um ilustre precedente no grande escritor franco-argelino Albert Camus. Quando recebeu o Prêmio Nobel de Literatura em 1957, dedicou seu discurso de agradecimento a um certo Monsieur Louis Germain, seu professor no ensino fundamental. E também escreveu uma carta ao antigo mestre, em que descreve seus primeiros sentimentos ao saber da notícia: "Quando eu soube da novidade, meu primeiro pensamento, depois de minha mãe, foi para você. Sem você, sem essa mão afetuosa que você estendeu ao menino pobre que eu era, sem seu ensino, sem seu exemplo, nada disso teria acontecido".

Ainda bem que Camus teve a oportunidade de externar sua gratidão porque, um dos mais jovens escritores a ganhar o Nobel, morreria pouco depois num acidente de automóvel. E não chegaria a terminar *O primeiro homem*, o belíssimo romance que estava escrevendo, inspirado nas memórias de infância e homenageando esse mestre — um livro que deixou quase pronto, foi publicado postumamente mais de uma década depois e só chegou ao leitor brasileiro em 2005, com evocações como esta:

Nas aulas de M. Germain, pela primeira vez (as crianças) *sentiam que existiam e que eram objeto da mais alta consideração: julgavam que eram dignas de descobrir o mundo.*

Entre a biografia e a ficção, dá para reconstruir algo dessa experiência. O pai de Camus morreu na guerra quando ele tinha menos de um ano. A mãe, analfabeta e muito pobre, trabalhava como doméstica para criar os filhos, com a ajuda da avó e dois tios dos meninos (um tanoeiro e um açougueiro louco por livros).

A escola era dura e exigente, mas nela o menino descobriu um espaço de prazer que se somava ao de andar solto pelas ruas, junto ao mar e sob o sol: tinha amigos, futebol e livros. Era o ótimo goleiro do time e o melhor da turma em redação — porque era louco por Robin Hood e obras de Alexandre Dumas, Zevaco, Júlio Verne. Mergulhava nos livros de aventuras que encontrava nas estantes do tio açougueiro ou da biblioteca escolar. E o professor costumava ler em voz alta para a turma trechos de livros bons, clássicos e contemporâneos, cada dia um pouco.

Isso fazia os meninos gostarem da escola. *Sem dúvida, aquilo que amavam tão apaixonadamente nela era o que não encontravam em suas casas, onde a pobreza e a ignorância tornavam a vida mais dura, mais morna, como que fechada em si mesma; a miséria é uma fortaleza sem ponte levadiça —* lembrará ele em O primeiro homem.

Aos 10 anos, a avó decidiu que o pequeno Albert tinha de parar de estudar e ir trabalhar para ajudar a família. Quando soube disso, o professor tomou um bonde, atravessou a cidade e foi lá conversar. Não sossegou enquanto não arrancou o compromisso de que o menino continuaria os estudos. Depois, moveu céus e terras para conseguir uma bolsa de estudos no liceu para ele — e para outros nas mesmas condições. *Não podia haver mestre mais sábio do que aquele, cujo coração sabia tudo*, lembrará Camus. Por isso, o pequeno Albert o amava e admirava. Sonhava ser como ele. Queria ser professor quando crescesse.

Aos 17 anos, de repente, começou a faltar às aulas. Não aparecia mais na escola, nem para os jogos de futebol. Um caso típico de evasão escolar? Outro professor, o de filosofia, se preocupou. Foi visitá-lo, procurando sua casa, numa iniciativa que *o sufocou, de tanta timidez e reconhecimento*. É que Camus estava muito doente, tuberculoso, vivendo com a família em um cortiço insalubre.

Impressionadíssimo com a situação de extrema pobreza que encontrou e não podia imaginar, naquele garoto que mantinha uma fachada tão contida, esse professor Jean Grenier, também escritor, providenciou para que ele se mudasse para a casa do tio açougueiro, mais ensolarada, para poder ser cuidado, comer bife, ler muito. E tratou de lhe dar aulas de reforço. Mas sabia que se fechavam para Albert as portas do magistério, pois naquele tempo, pela lei, quem tivesse tido tuberculose não passava no exame médico obrigatório para lecionar.

O resto faz parte da História da Literatura: Albert Camus não se dedicou ao magistério. Foi ser jornalista combativo e fazer teatro, foi romancista e filósofo, e chegou a obter o Nobel, a glória maior que um autor pode alcançar.

Mas nunca esqueceu a influência decisiva que em seu crescimento tiveram os professores. Aqueles que não apenas transmitiam conhecimentos, mas também acolhiam os alunos em suas vidas. Com seu ensino e seu exemplo. Sobretudo Louis Germain.

Com ele, a aula era sempre interessante pela simples razão de que ele era apaixonado pelo seu trabalho.

Com mestres desse tipo, a escola cumpria sua missão fundamental e sua obrigação para com os alunos, já que, como ele resumiu, *ela alimentava neles uma fome ainda mais essencial para a criança do que para o homem, que é a fome da descoberta.*

Moranguinho no bolo

novembro de 2009

Às vezes fico pensando: como tanto município ou secretaria estadual pega verba obrigatoriamente destinada à educação e desloca para embromar? Não dá arrependimento e remorso? Ou os responsáveis são tão ignorantes que nem ao menos se dão conta do que estão fazendo? Não estou falando em desvios francamente desonestos e mal-intencionados. Mas em dinheiro público que, pela lei, tinha que ser gasto com educação e, maquiado, vai cobrir despesas de outra natureza, que deveriam ser pagas com verba vinda de outras rubricas: ônibus (a pretexto de condução escolar), estrada (a pretexto de pavimentar caminho para ônibus passar), reforma de prédio que nem estava precisando tanto assim...

Enquanto isso, a formação do professor, bem como sua remuneração condigna, ficam em último plano. Como se a qualidade do ensino fosse um luxo. Um supérfluo dispensável, lá no fim da fila. Só para enfeitar. Uns moranguinhos espalhados no alto do bolo.

Em sua experiência na Guiné-Bissau, durante os anos do exílio, Paulo Freire confirmou que um bom professor podia obter bons resultados até mesmo dando aula debaixo de uma árvore. Um mestre despreparado e sem vocação podia até estar numa sala com recursos, mas não cumpria sua tarefa: não era isso que faria diferença nos resultados.

Não estou querendo dizer que não faz mal que instalações e equipamentos sejam precários. No entanto, sempre vale a pena recordar que a condição prioritária absoluta para um ensino de qualidade é a formação dos professores. Ela tem de vir em primeiro lugar quando se discutem os gastos do setor. Quem acha que educação custa muito caro para o pouquinho que traz de retorno (criança não vota, professor não paga comissão em vendas obtidas pelos fornecedores) devia parar para pensar quanto está custando a manutenção da ignorância.

Uma das coisas boas que estamos vendo no Brasil ultimamente é a vontade de discutir educação. Parece até que mais a sério. Está entrando na pauta dos assuntos que a sociedade quer destacar. E devemos aproveitar as oportunidades oferecidas em tempos de campanha eleitoral para ficarmos bem atentos aos que têm propostas concretas para o setor. Sem blá-blá-blá.

Os jornais têm ajudado a trazer material para essa discussão. Assim, a gente fica sabendo melhor de alguns fatos. Por exemplo, tomamos conhecimento que, nos Estados Unidos, logo que Barack Obama tomou posse, uma de suas primeiras iniciativas foi visitar uma escola. Serviu para destacar o setor como objeto de suas preocupações e chamou a atenção da mídia para o que estava lançando: um programa de reformulação do sistema de ensino, com proposta de pagamento de professores conforme seu desempenho — algo semelhante ao que existe em países como a Inglaterra. Ou a propostas que já estão sendo adotadas em alguns estados brasileiros, como São Paulo e Pernambuco.

Uma alternativa também já existente em outros lugares e que começa a ser discutida entre nós é a vinculação do repasse de recursos ao cumprimento de metas de qualidade por parte das escolas.

Para que todas essas iniciativas possam ir se consolidando de forma eficiente e rendendo frutos para toda a sociedade, é preciso que se situem em duas linhas de ação. Uma vem do passado, outra mira o futuro. A primeira é a que se baseia em um sistema confiável de avaliação, que vem sendo implantada pelos novos paradigmas do setor, nos últimos 15 anos. A segunda é a que sublinha a necessidade absoluta de continuidade, a fim de que se constitua uma política de Estado para a educação. É preciso haver um projeto amplo que não esteja sujeito às mudanças de ministro, de prefeito, de secretário, de partido, enfim, a todas as injunções políticas cambiantes que sinalizam falta de respeito para com as futuras gerações.

Há pouco tempo, o economista Carlos Geraldo Langoni, da Fundação Getulio Vargas, reiterou (e provou com números e argumentos) que investir em educação é mais importante para o desenvolvimento do país do que o petróleo do pré-sal. Crescimento que não se preocupe com o ensino não se sustenta. Numa recente mesa-redonda, a jornalista Miriam Leitão citou um dado impressionante: na década de 1970, a do chamado de "milagre brasileiro", houve um desenvolvimento em que o PIB deu um salto, melhoraram os índices econômicos, a produção, os níveis de emprego, mas... os 33% de crianças fora da escola em 1970 continuaram sendo 33% em 1980. "Quem levou as crianças para a escola foi a democracia, nos anos 90", lembrou.

Falta agora que as escolas sejam boas. Só escola boa reduz desigualdade.

Esta nossa democracia precisa, portanto, urgentemente, acentuar agora seu compromisso com a qualidade da educação, com a continuidade, com a seriedade exigente e responsável que não se deixa substituir por frases vazias nem palavras de ordem superficiais.

Bons temas para pensar, nestes tempos em que se aproximam novas campanhas para os cargos eletivos. Que elas tragam consistência nas propostas e compromissos, e deixem bem longe as velhas práticas de arrumar um empreguinho qualquer de professora para a sobrinha da mulher do cabo eleitoral.

Qualidade de educação não é brinquedo. Nem moeda de troca na compra de votos.

De conversa em conversa

dezembro de 2009/janeiro de 2010

Uma das mais importantes duplas de mestre e discípulo da história da humanidade foi a de Sócrates e Platão, lá na Grécia antiga. Mas a palavra escrita apenas engatinhava naquele tempo e o mestre não chegou a escrever seus pensamentos. O que nos ficou dos ensinamentos de tão extraordinário professor foi o que seu aluno (não menos admirável) registrou em seus *Diálogos*, assim transmitindo à posteridade as ideias de Sócrates e seu pensamento, ao mesmo tempo que nos dava a conhecer sua ironia e seu método de ensino e desenvolvimento de raciocínio: o de conversar enquanto caminhavam. Principalmente, fazendo perguntas e buscando respostas.

Esse jeito de ir perguntando para conduzir o raciocínio continua imbatível como recurso pedagógico. Todo bom professor sabe disso. Pouco a pouco, naturalmente, a série de questões vai se sucedendo e o tema vai sendo coberto, recoberto, explorado. Não se trata de um interrogatório ou uma arguição — como se dizia antigamente. O objetivo não se limita apenas a tentar obter respostas individuais para verificar a aprendizagem ou para aferir o aluno e lhe dar uma nota. O que se quer é outra coisa. Levar a descobrir juntos, antes de mais nada. Mas principalmente incentivar que se pense no assunto de modo mais profundo.

Outro mestre famoso que usou muito a conversa para transmitir seus ensinamentos foi Jesus Cristo. Como o Novo Testamento relata, ele estava sempre batendo papo com os discípulos. Não ficava apenas nas perguntas e respostas. Mas também contava casos. Suas conversas nunca deixavam de incluir muitas histórias que faziam pensar — as parábolas. Com elas, levava seus seguidores à reflexão. Sem que eles ao menos se dessem conta disso, muitas vezes, entretidos com uma boa história.

Esse recurso não é característico apenas de Cristo, mas de muitos outros líderes religiosos. As religiões orientais, por exemplo, se constroem sobre sucessivas historietas contadas por um mestre, levando os ouvintes a pensar no que ouviram, discutindo ou não entre si as possibilidades que a narrativa lhes abre. Esses pensadores podem ser considerados gurus, sacerdotes ou homens santos. Em todos os casos, suas histórias ensinam.

Todos podemos aprender com esses mestres. E trazer algo desse exemplo para a prática da sala de aula. Afinal, a escola é um espaço privilegiado de encontros e conversas, de troca de experiências e opiniões, de pessoas que se reúnem e podem confrontar suas visões de mundo. Para isso, é preciso saber falar e saber ouvir. Uma aula interessante, daquelas que os alunos gostam e onde aprendem muito, passa por esses dois caminhos.

O professor deve ter o que dizer, e saber dizer — tanto na informação e na transmissão de conhecimentos quanto na formação, aconselhamento e orientação dos estudantes. E no exemplo que dá aos jovens, a partir de sua experiência. As vidas de uns e outros se entrelaçam.

Por outro lado, também é fundamental respeitar a experiência que o aluno traz, saber criar um espaço de silêncio para que ele possa se expressar. E incentivar atividades que possam canalizar essa expressão, seja prestando atenção a suas perguntas e tentando respondê-las da melhor maneira possível, seja permitindo que a discordância se manifeste, a divergência tenha chance de ser ouvida. Com uma atitude de, realmente, tentar entender e aceitar o outro. Ou seja, fazendo com que a diferença seja enriquecedora e não vire agressão pessoal.

Um dia destes, encontrei uma professora de matemática que me contou um truque que está usando, com resultados fantásticos.

Sempre esclarece, de saída, qual o tema daquela aula que vai começar. Ou seja, anuncia o assunto, o sentido do que se vai fazer, menciona possíveis usos práticos, desperta a curiosidade para a utilidade daquele saber na vida cotidiana. E tem sempre o cuidado de reservar um tempo generoso à capacidade de compreensão da turma: tenta não deixar que se acumule matéria demais a cada vez. Vai explicando e tentando tirar as dúvidas no decorrer da aula.

No final, quando dá por encerrada a tarefa diária, puxa um livro e lê alguma coisa em voz alta para os alunos. Puro pretexto para uma conversa diferente. Começou com histórias de Malba Tahan, de O *homem que calculava*. Depois, passou a crônicas e poemas, textos curtos sobre situações que tinham a ver com números ou salas de aula. Atualmente, desistiu de tentar fazer relação direta com a matéria e apresenta os trechos que lê apenas como um brinde, um presente, um refresco a todos, no final do trabalho. Os próprios alunos ajudam a sugerir leituras ou lhe trazem algo visto numa revista ou em algum livro. Revezam-se com ela na leitura. Aquilo não dura mais de cinco minutos, em geral. Mas o tempo de aula se encerra para cima, com alto astral — como ela me disse.

Com frequência, falam um pouco sobre o que leram. Às vezes uma ou duas frases. Não sobra tempo para muito mais. É uma atividade brinde, gratuita, que não tem nota nem cobrança, e acaba sendo uma maneira gostosa de aproximar as pessoas. Os alunos gostam tanto que a disciplina em sala melhorou. Todos querem deixar que sobre um tempo para a história e a conversa no final. De conversa em conversa, vão trocando ideias num momento descontraído que acaba ajudando muito o clima geral do aprendizado no restante do tempo.

Fica a sugestão.

Palavrinhas mágicas

fevereiro de 2010

Vivo me emocionando com manifestações de vocês por conta do meu trabalho de escritora. Dá vontade de conhecer todo mundo e poder agradecer de viva voz, mas não dá. Então de vez em quando aproveito, como hoje, e lanço um vasto e amplo "Muito obrigada" a todos.

Ao fazer isso, relembro e destaco alguns de vocês, até mesmo como símbolo de todos os outros.

Como a Gláucia, do morro do Cajueiro, no Rio, carinhosa e agradecida, reiterando a confiança "na importância da arte como um todo em nossas vidas". Ou a Cidinha, de Curitiba, confessando seu "fascínio sem tamanho" pelo que escrevo. Ou a Adriana, de Cachoeirinha, que divide comigo o carinho da meninada e com isso revela a solidez do trabalho que desenvolve para estimular a leitura. Ou a Alexandra, de Xambioá, que relata o prazer de seus alunos em ir descobrindo como podem curtir a leitura. Ou a Cybele, de Caeté-Açú, que me deu um presente ao me contar a história linda da menina de 6 anos da escola rural multisseriada de Caimbongo, muito "dona-de-si", que, toda segura sobre a diferença entre celebridade e arte, depois de ler um livro meu garantiu que *não fazia questão de me conhecer porque sabia que eu já a conhecia, já que escrevia contando exatamente como ela é*. Um mistério, porque também a Sandra, de Florianópolis, diz que os seus alunos adolescentes estão convencidos de que são superparecidos com meus personagens. Coisas da literatura...

Algumas dessas educadoras que me escrevem são conhecidas de muito tempo já. Ficamos amigas. É o caso da Vera, do Miraflores, de Niterói, pioneira absoluta há mais de 30 anos, capaz de organizar feiras de livro quando não se fazia isso e mobilizar pais e alunos em torno da literatura, com um trabalho de uma qualidade comovente e fecunda. Há poucas semanas me escreveu de novo, reiterando as emoções que encontra de novo ao ler meu livro mais recente, que afirma ter falado a sua alma, "revelando o mundo submerso que mora em cada um de nós". Bonito, não é?

Ou a Tida, a Míriam e a Sônia, por exemplo, hoje já aposentadas, e de quem fiquei amiga para sempre. Quando nos conhecemos, lá no início da década de 1970, éramos todas jovens e ativas. Elas, no Balão Vermelho de Juiz de Fora. Eu ainda jornalista, sem um único livro publicado, mas já com farta produção infantil que saía em revistas. Elas me escreveram para contar que iam abrir uma biblioteca na escola, tinham feito uma votação entre alunos e professores para escolher o nome e o meu tinha ganhado. Fui lá para a inauguração. Era uma coisa incrível: a garotada conhecia todas as minhas histórias, que nem tinham saído em livro! Elas colecionavam as revistas e multiplicavam minhas palavras para chegarem a todos, com um trabalho lindo, inteligente, consequente.

Anos depois, a Tida me contou uma história inesquecível. Num dia em que faltou a pessoa encarregada de receber os alunos no portão, lá foi ela desempenhar essa função. A todos recebia com um "Boa-tarde!". Deu-se conta de que a olhavam com cara de espanto. Um dos alunos perguntou:

— Por que é que você fica falando isso?

Surpresa, percebeu que essa forma de cumprimentar caíra em desuso na pressa contemporânea. Educadora em tempo integral, fez uma reunião de professores sobre o tema. Reinstituiu o emprego dessas saudações (*Bom-dia, boa-tarde, até amanhã*) no colégio, reforçando formas de cortesia e boas maneiras. O alcance de algo aparentemente tão pequeno foi extraordinário, refletindo-se no clima geral da convivência.

Agora leio nos jornais que no Espírito Santo algumas escolas resolveram aderir a um projeto de reabilitação de "palavrinhas mágicas". Ou seja, insistir na importância de que se diga *obrigado, por favor, com licença*. E, sobretudo, *desculpe*. Por incrível que pareça, de início houve reações — tanto de professores que achavam que isso era uma bobagem quanto de alunos. Mas no fim de um ano, o resultado surpreendente foi que diminuiu a agressividade nessas escolas, com a significativa redução de episódios de violência, tanto dos alunos entre si, quanto envolvendo estudantes e professores ou funcionários. Os reflexos alcançam o próprio aprendizado. Agora o projeto se alastra e há planos de incluir outros colégios no ano que vem.

Acabo de ler a notícia e fico com vontade de mandar de público para toda essa gente mais outra palavrinha mágica que costuma fazer falta: *Parabéns*.

Entre agradecimentos e felicitações, pedidos de desculpas e outras fórmulas de cortesia, a convivência de todos fica melhor. Não custa nada incorporar à escola esses pequenos gestos e rituais de boas maneiras. E outros, como: fazer fila, esperar a vez de falar, não gritar, não interromper o que o outro está dizendo. Facilitam a vida de todo mundo e lembram a todos que viver em sociedade significa respeitar o espaço dos outros, reconhecer o esforço alheio, ceder a vez e se alegrar pela oportunidade de ter companhia e fazer amigos.

Quando os alunos ensinam

março de 2010

Como você sabe, nossa história educacional é um pouco diferente do panorama típico, comum em outras nações. Até poucas décadas atrás, éramos um país predominantemente analfabeto. E ainda temos, vergonhosamente, números muito altos de iletrados e de analfabetos funcionais, apesar dos esforços para mudar essa situação.

Mas as estatísticas também revelam alguns dados animadores. O índice de crianças em idade escolar frequentando as aulas subiu muito nos últimos 15 anos. Nessa década e meia, os diferentes governos, de diferentes partidos, se tornaram campeões mundiais na compra e distribuição de livros para crianças e jovens — tanto no âmbito federal, quanto no estadual e no municipal. Além disso, a iniciativa privada e o terceiro setor também desempenham um papel importantíssimo na disseminação do livro e da educação.

Nesse quadro geral, algumas coisas nos distinguem. Por exemplo, a maioria de nossa população passou diretamente do analfabetismo para o mundo audiovisual — em que muitos, hoje, com as novas tecnologias, começam a ficar íntimos dos meios eletrônicos. Sem fazer escala na chamada galáxia de Gutenberg, o mundo dos livros e impressos.

A rapidez com que conseguimos fazer esse percurso é positiva e digna de todos os elogios. Mas, por outro lado, isso cria uma situação de fragilidade crítica, em que o novo leitor fica com muito baixa capacidade de discernir se está sendo enganado por informações falsas, tendenciosas ou parciais, ou se está sendo manipulado por interesses alheios. A defesa, nesse caso, seria uma boa bagagem prévia de leitura, para aprender a fazer um texto refutar outro ou completá-lo, bem como para distinguir com mais facilidade o que se oculta nas entrelinhas.

As bibliotecas deveriam desempenhar um papel primordial nesse processo, garantindo acesso a um cardápio variado de livros e permitindo que a intimidade com a leitura desenvolvesse uma proteção mais forte contra manipulações. Mas ainda estamos longe disso.

Outra coisa bem nossa é que, devido à chegada recente ao mundo do ensino, em muitas famílias as novas gerações estão tendo mais oportunidades educacionais do que os pais e avós tiveram. Para o professor, isso acaba sendo um complicador — como cada um verifica na prática cotidiana. O apoio dos pais à escola só vai até certo ponto, quando vai. E faz muita falta.

Surge então um fator inesperado, que acaba sendo uma boa surpresa. Há alguns anos, quando existia o programa *Literatura em Minha Casa* e cada aluno da quarta série ganhava de presente uma coleção especial de livros que não precisava devolver porque eram seus, começou a acontecer algo surpreendente.

Os adultos da família foram também passando a ler esses livros — muitas vezes, o primeiro a que tinham acesso na vida. Incentivavam os filhos a pedir empréstimos e a fazer trocas com colegas ou a trazer da escola textos diversos.

Nós, autores de literatura infantil, logo percebemos isso, admirados. Mas era um fenômeno visível, pelo número de cartas de adultos que passamos a receber, comentando nossa obra e contando que a tinham conhecido por meio dos livros que os filhos trouxeram para casa. Cartas comoventes, a nos emocionar com o relato desses encontros intensos entre livros infantis e leitores adultos, que podiam não ter prática leitora, mas tinham experiência de vida e maturidade para apreciar o poder da palavra escrita e perceber camadas de significado latentes nas obras, prontas a detonar questionamentos e sugerir sentidos mais profundos.

Essa capacidade multiplicadora da leitura e da educação infantis é um alento para o professor atento e cuidadoso. Ao trabalhar com a criança, o magistério passa também a atingir a família. De baixo para cima, como planta que nasce bem enraizada.

Algumas escolas não se limitaram a perceber isso, mas passaram a fazer um esforço consciente no sentido de aproveitar esse movimento. É o caso, entre outros, da Escola Estadual Doutor Luiz Pinto de Almeida, em Santa Rita do Sapucaí, Minas Gerais, que tem um bem-sucedido programa de alfabetização dos pais, a cargo de professores e dos próprios alunos, após visitas e convites às famílias. Não é uma iniciativa isolada, mas parte de um conjunto de iniciativas — que engloba a melhor capacitação de professores, um rigoroso controle de presença e atividades extraclasse —, e assim garantiu à escola um Ideb muito acima da média nacional e uma atuação marcante no entorno escolar.

Outra iniciativa, no município da Serra, no Espírito Santo, partiu dos próprios alunos, estimulados pelos professores. Ao fazerem seu jornalzinho escolar, preferiram não receber fundos do programa oficial que o governo capixaba mantém com esse fim — afinal, uma imprensa que quer ser livre não pode depender do governo, raciocinaram. A garotada saiu então pela comunidade captando anúncios de padaria, açougues, videolocadoras e outras lojas. Em troca, quem compra pão volta para casa lendo as redações dos alunos impressas no saco de papel.

Todos aprendem com isso, e muito. Todos ensinam. Todos crescem. E fazem lembrar a inesquecível lição do escritor mineiro Guimarães Rosa, que nunca é demais repetir: *mestre não é quem sempre ensina, mas quem de repente aprende.*

Quando a terra tremeu

abril de 2010

Quando você abre a revista e a lê, com certeza imagina o quanto de trabalho prévio esse exemplar representa, de uma equipe de profissionais diversos. Afinal de contas, o mesmo acontece com suas aulas. Elas são apenas a pontinha visível de um trabalho anterior lentamente construído. Ele é que lhes dá uma base sólida para existir com qualidade durante aquele tempo cronometrado, em sala de aula, diante de dezenas de carinhas atentas ou distraídas.

Menos evidente é o fato de que, no caso de uma revista mensal preparada com antecedência, há uma defasagem entre o momento em que ela se faz e o instante em que chega às mãos do leitor. Esta carta que você está lendo agora, por exemplo, só vai lhe chegar mais tarde. Mas está sendo escrita numa hora dramática para mim, em que vivo aquilo que os especialistas chamam de efeito de choque ou experiência pós-traumática.

Acabo de chegar do Chile. Estava lá às 3h34 da madrugada de sexta 26 para sábado 27 de fevereiro, quando ocorreu um dos maiores terremotos registrados na história. Ao ser acordada pela terra que tremia, no que parecia ser o fim do mundo, tinha o despertador preparado para daí a duas horas. Já tinha também o cartão de embarque emitido na véspera pela internet, pois devia voltar de manhã cedinho, ao final de um congresso internacional de literatura infantil. Uma reunião de gente que acredita na educação e no poder da palavra escrita, para que o mundo seja melhor e as pessoas possam ser mais felizes. Uma atividade cultural apanhada pela fúria natural.

Agora, de volta depois de alguns dias à espera de conseguir sair quando fosse possível, eu preciso escrever uma carta a vocês. Tenho um prazo a cumprir. Mas minha mente ainda está em meio ao terremoto. E a Lívia, responsável por minha relação com a revista, sugere que eu compartilhe algo dessa experiência com os leitores. É uma boa ideia, concordo. Mas nem sei o que dizer. Não por falta de assunto. Mas por excesso.

Ainda não consigo ordenar as "vastas emoções e pensamentos imperfeitos" que me ocupam por inteiro — tanto do pavor do terremoto em si, quanto da dor solidária com os outros que sofriam a nossa volta. Além disso, a aflição e a ansiedade de estar ilhada longe de casa, com aeroportos fechados indefinidamente, sem possibilidade imediata de voltar, sem saber quando ou de que intensidade seria o tremor seguinte (só nas primeiras horas foram 147!). E no meio disso, uma montanha-russa de experiências emocionais com a variedade e riqueza da espécie humana. Do altruísmo ao egoísmo. Da capacidade de ceder a vez espontaneamente ao impulso irrefreável de se salvar sozinho, em pânico, mesmo se isso significasse empurrar para trás alguém com quem segundos antes se dividia a mesma mesa. E isso não é metáfora: fizeram comigo, literalmente, no primeiro café da manhã, na primeira réplica do tremor.

A mídia já informou sobre a devastação que o terremoto do Chile causou, ainda mais quando seguido pelas gigantescas ondas que arrasaram o litoral. Todos acompanhamos o sofrimento dos que perderam pessoas queridas e o desprendimento de quem cavava com as próprias mãos para ajudar um desconhecido. Ficamos sabendo dos prejuízos incalculáveis de um país que escolhera a racionalidade, fizera o dever de casa e vinha caminhando tão bem economicamente. Não são esses fatos que lhes trago. Quanto às impressões diretas e quentes do momento em si, já as narrei nas primeiras entrevistas.

Quero falar de outra coisa. Os que participamos dessa experiência pavorosa sabemos que nossa vida mudou para sempre. Fico repetindo, como um mantra, o verso do poeta chileno Pablo Neruda. O contexto era outro, mas a ideia ganha novo sentido: *Nosotros, los de entonces, ya no somos los mismos.*

É isso, simplesmente. Nós, os de então, já não somos os mesmos. Mudamos.

Vínhamos de vários países. Depois de dias isolados, dormindo no saguão do hotel, correndo para a rua quando o chão tremia, é como se tivéssemos adquirido uma mesma cidadania, a de um novo país que passa a nos unir. Sem um território físico comum, mas com a consciência compartilhada de nossa mais total vulnerabilidade. Hoje sabemos que somos nada. Que a vida é o lampejo de um cisco. Que o que amamos é infinitamente precioso. Que o que nos irrita é ridiculamente sem importância. Que na hora do aperto, só o que queremos é terra firme sob os pés e nenhum escombro sobre nós. E o abraço dos amigos.

Em seguida, queremos a palavra. Ela é que nos une aos outros. Não nos garante nada. Mas lembra que esta tribo humana, tão frágil, guarda memórias, analisa fatos e acalenta sonhos de futuro. Nas primeiras horas, sem telefone, internet ou televisão, estávamos muito mais aflitos. Só melhoramos depois que fomos capazes de dizer: "Estou bem, apesar de tudo". E de ouvir de alguém distante: "Estamos rezando por vocês". Ou o "Ufa!" que meu neto mandou a sua lista de endereços no computador. Tudo tênue, impalpável, precário. Por isso mesmo, humano.

Ensinar, mostrar, salvar

maio de 2010

Há coisas que a gente sabe, mas às vezes esquece. Sobretudo quando se trata de coisas muito simples e naturais.

Por exemplo, o que acontece com um pedido que é repetido desde a mais remota infância:

— Mãe, me ensina...

Ou então:

— Pai, será que você podia me ensinar a fazer isso?

O objeto da curiosidade ou do desejo de aprendizagem pode variar enormemente. Mas não varia muito a maneira de ensinar. Para que a criança pequena aprenda a calçar a meia, amarrar o tênis, abotoar o casaco, trocar o canal da televisão, cortar o bife, costurar, fechar com a chave, recortar, e uma infinidade de outras habilidades práticas do cotidiano, de um modo geral os processos de ensino se resumem a dois que acabam sendo um só: mostrar e dar exemplo.

— Veja bem, preste atenção: é assim que se faz.

Cuidadosamente, com paciência, o adulto mostra enquanto faz. Explica o que está fazendo e por quê. É assim que se ensina. É assim que se aprende. Tão simples que nem parece um ato didático.

No recente terremoto do Haiti, o Brasil perdeu uma pessoa admirável que sabia disso perfeitamente, a pediatra Zilda Arns. Mostrando como se faz e demonstrando pelo exemplo, ela ensinou a salvar vidas, diminuindo drasticamente os números da mortalidade infantil entre nós.

Em uma das reportagens publicadas por ocasião de seu falecimento, foi relembrada uma aula prática incomparável. Ela chegou para uma reunião de treinamento e, antes de começar sua palestra, botou uma plantinha murcha dentro de um recipiente com soro caseiro. Quando acabou de conversar com as pessoas que estavam ali reunidas para receber orientação, mostrou o que havia acontecido com a planta: a flor tinha recuperado o viço. Todos entenderam que o mesmo acontece com as crianças sofrendo um processo de desidratação e socorridas daquela maneira. E viram os efeitos do soro caseiro que tinham acabado de aprender a fazer. Um exemplo mais eloquente do que as simples palavras.

Da mesma forma, quando explicava que o leite materno é vivo enquanto o leite da mamadeira é morto, a doutora demonstrava com simplicidade e objetividade as vantagens do aleitamento materno. E quando concebeu a ideia da multimistura que aproveita grãos, vegetais desprezados, casca de ovo e outro produtos, a dra. Zilda Arns não se limitou a escrever um artigo teórico advogando os possíveis benefícios da ideia. Saiu ensinando ao vivo, e formando gente que podia ensinar. Foi no contato individual multiplicado que a Pastoral da Criança chegou a mais de 260 mil voluntários especialmente treinados, capacitados para transferir a quem precisasse conhecimentos básicos sobre saúde e alimentação.

Esse é um aspecto essencial de todo o trabalho desenvolvido por eles: a transmissão do saber. Ou seja, o ensino. Esse é também um dos segredos para que a iniciativa venha dando tão certo e salvando tantas crianças da morte pela desnutrição: a crença no poder ilimitado da educação. A certeza de que as famílias podem aprender. E de que vale a pena ensinar. A confiança absoluta num fato simples: sabendo mais, salvam-se vidas.

No caso da atuação da dra. Zilda, os exemplos se multiplicam e falam por si mesmos. E os resultados são assombrosos. Calcula-se que uns dois milhões de crianças foram salvas pelo trabalho voluntário da Pastoral da Criança inspirada por ela. Mas cada um de nós, no nosso trabalho simples de cada dia, pode e deve também participar desse esforço conjunto de dividir com os outros o conhecimento, transmitir saber, ajudar a educar além da mera aula que está prevista no currículo ou guardada nas páginas do livro didático. Não apenas falando, mas também procurando mostrar e dando exemplo — o ensino que cria raízes e fica para sempre.

Cada vez que conseguimos transmitir exemplos de higiene às nossas crianças estamos contribuindo para diminuir os casos de doença no futuro. Lavar as mãos antes das refeições, não andar descalço, só beber água filtrada ou fervida, todas essas noções básicas de educação sanitária complementam os ensinamentos sobre soro caseiro.

Mas além de tudo, essa mulher admirável deu uma aula importantíssima a todos nós: é assim que se faz. Vale a pena aprendermos com ela.

Direitos e deveres

junho/julho de 2010

Todos nós, ao longo da vida, vamos povoando a memória com alguns lugares de que gostamos quase de graça, sem muitas razões especiais. Entre os meus está um velho colégio no litoral capixaba. E podem botar *velho* nisso.

É do século XVI, erigido para moradia dos primeiros jesuítas que vieram para o Brasil. Faz conjunto com uma igreja de bela torre e paredes grossas que substitui uma primeira capela-palhoça erguida em 1557. Tem pátio interno, claustro de dois andares, telhas-canal, janelas com bancos-conversadeiras onde Anchieta e seus companheiros se sentavam para ler o breviário e olhar a vista deslumbrante. Tem um quadro da Adoração dos Reis Magos que é uma das mais antigas pinturas brasileiras. Tem um altar de madeira lavrada, comovedor em sua beleza simples, feita por mãos indígenas que o enfeitaram com motivos locais, de mistura com os que os padres lhes ensinavam.

Fica no alto do morro e domina a foz de um rio que, entre manguezais, chega a uma praia de areias rosadas, batida de ondas e ventos. Em frente à entrada, alguém teve a ideia de plantar palmeiras-imperiais, que deram inusitada majestade ao conjunto e compuseram a moldura perfeita da construção caiada, feita de conchas e pedras dos arrecifes vizinhos, ligadas por óleo de baleia. Nesse largo, fazem-se festas e quermesses em que ao final, no topo do mastro listrado, se substitui por uma bandeira nova a anterior que o tempo desbotou, com suas imagens de São Sebastião, São Benedito, São João ou dos Reis Magos. Lá o pessoal joga futebol, as famílias trazem cadeiras para conversar na fresca da noitinha, as crianças brincam, os adolescentes trocam olhares e iniciam namoros.

A família de minha mãe era dali perto. Como eu passava as férias nas redondezas, essa paisagem fez parte de minha infância. Visitar o antigo colégio jesuíta — conhecido como o Convento de Nova Almeida — era sempre um passeio especial. E dava pena ver a construção se deteriorando, invadida pelo mato. De cortar o coração.

Na década de 1960, conheci um arquiteto que trabalhava no Serviço do Patrimônio Histórico. Falei com ele sobre o convento e descobrimos que estava numa lista imensa de bens tombados que precisavam de restauração mas não havia verbas para isso. Começamos a nos mexer e falar com muita gente que talvez pudesse ajudar. E alguns anos depois, deu certo. Aquela joia arquitetônica finalmente entrou numa lista prioritária mais reduzida e foi recuperada.

De lá para cá, se passou meio século e muita água rolou. A igreja voltou a acolher ocasionais manifestações religiosas. Abrigou centro cultural com aulas de pintura, artesanato e capoeira. Virou ponto turístico, aberto à visitação pública e a um certo vandalismo por total falta de fiscalização. E embora nunca voltasse à decrepitude anterior, acabou sendo outra vez abandonado nos últimos anos. Depois foi novamente reformado, com urbanização do entorno e a construção de um mirante nos fundos, com vista para o mar, a planície costeira, os manguezais da foz do rio.

Este verão houve lá uma coisa inacreditável. Um excelente festival internacional de música, reunindo tradições eruditas e populares. Como o convento em si. Como nossa cultura em geral. Um verdadeiro presente para a comunidade de pescadores e os eventuais turistas.

Durante quatro dias, desde o cair da tarde, o espaço foi ocupado por sucessivas maravilhas. Concertos de piano e de música de câmara na igreja. Folia de reis no adro. Roda de choro no pátio. Encontro de mestres de congo no claustro. Banda de música, cantoria, ticumbi, coral. Uma iniciativa inteligente e bem realizada.

Porém, ai, porém... (Já aprendemos com Paulinho da Viola a cantar sempre esse *ai, porém*.) Quem foi assistir ao concerto na bela noite de verão não conseguiu ouvir a suíte de Telemann. Só ouvia o baticum das caixas de som do lado de fora. Mais exatamente, dos automóveis no estacionamento junto à porta lateral da igreja, onde grupos de jovens apostavam para ver quem tinha mais potência em seus equipamentos caríssimos, muitos decibéis acima do que o ouvido humano suporta e o Código Nacional de Trânsito permite. Somados, ao mesmo tempo. Ensurdecedor.

Nenhuma fiscalização. Nenhuma punição. E, sobretudo, nenhuma educação. Aquela educação básica, fundamental mesmo, que permite que as pessoas possam viver em sociedade entendendo que sempre o direito de cada um vai apenas até o limite onde começa o direito do outro.

Há uns 15 anos, pouco depois do lançamento do Plano Real e do início do processo de redistribuição de renda nesta nossa sociedade tão desigual, li um artigo que me impressionou muito. Não lembro mais de quem era, mas recordo o alerta do autor: se esse processo não viesse acompanhado também de uma redistribuição da educação, a injustiça continuaria a existir e até se acentuaria.

Só a educação pode garantir a democracia, ao dar a todos a igualdade de oportunidades. E também a perfeita noção da igualdade de direitos e deveres, de limites individuais para que se procure atingir o bem comum. É assim que a humanidade se afasta da barbárie e renega o fascismo autoritário de quem impõe sua vontade pela força.

Só assim se constrói a civilização. Como sabe cada professor, no cotidiano de sua sala de aula. E não dá para esquecer.

Quem merece?

agosto de 2010

Ano de Copa do Mundo. Todo mundo se mobiliza, torce, reúne os amigos, faz festa para assistir à transmissão dos jogos, pinta ruas, se comove, na esperança de uma vitória. E de uma grande comemoração ao final, festejando uma conquista.

Da mesma forma, nas Olimpíadas, os habitantes dos diversos países do planeta acompanham os feitos dos atletas, se emocionam com derrotas e vitórias, torcem por uma subida ao pódio, pelas medalhas, pelas flores, pela coroa de louros, pela execução do hino nacional no fim da disputa.

Medalhas também fizeram parte do ambiente escolar durante muito tempo — bronze, prata, ouro. Presas ao uniforme ou penduradas ao pescoço, acompanhadas de uma fitinha verde-amarela, vinham em geral acompanhadas de um dístico: "Honra ao Mérito". Porque a ideia de mérito fazia parte do universo do ensino.

Depois, as coisas foram mudando. Foi ficando evidente que educar não é uma competição esportiva. Entendeu-se que as pessoas são diferentes, têm aptidões e vocações diversas. Movem-se em velocidades de aprendizagem completamente distintas. Não há motivo para erigir todo um sistema em termos de classificação de estudantes, indo desde o primeiro da classe ao último da turma. As próprias avaliações do aprendizado foram deixando de estar vinculadas a notas numéricas e passaram a admitir uma classificação conceitual. Passou-se até a questionar a própria noção de aprovação escolar.

Muito bem. Há argumentos respeitáveis em ambos os lados e podemos conversar sobre isso outro dia. Frisar que cada criança deve ser tratada em sua individualidade. Ou lembrar que o mundo lá fora é competitivo e a escola não pode preservar as novas gerações numa redoma que as deixe despreparadas para a vida real.

O que me interessa hoje aqui neste papo é, de início, lembrar que os conceitos de mérito e merecimento estiveram muito tempo intimamente associados ao mundo da escola. Mais recentemente, foram abandonados. Ao mesmo tempo, cada vez mais se ouve falar em meritocracia. Ou "o governo de quem merece", o comando por aqueles que revelaram possuir mais merecimentos. Ou seja, uma gestão que procure estimular quem se destaca por suas qualidades, suas conquistas, seus resultados, sua capacidade de enfrentar desafios com sucesso e atingir metas prefixadas. Agora numa área não mais voltada para os alunos, mas para os professores, diretores e administradores.

É disso que se trata: uma forma de administração. Recompensar quem cumpriu sua parte e, portanto, fez por merecer. Alguns estados brasileiros vêm se destacando por programas desse tipo na área de educação. Segundo os especialistas, os resultados têm sido encorajadores. No entanto, muitas vezes, a reação também tem sido virulenta, sobretudo por parte de setores mais associados ao corporativismo do que à busca de qualidade profissional ou à preocupação com a melhoria do nível educacional brasileiro.

Entende-se a polêmica. É natural que haja temores, principalmente por parte de quem se sente ameaçado, temeroso de ser prejudicado pela exposição de suas fraquezas profissionais ou falta de competitividade. Mas esse mesmo ponto delicado poderia (ou deveria) também funcionar como um estímulo à melhoria de qualificação, à busca de aprimoramento.

No fundo, é também uma questão de justiça. Não está correto que um profissional relapso e despreparado tenha garantido o mesmo tratamento que um professor dedicado e capaz, entusiasmado pelo que faz, sempre disposto a dar o melhor de si em sua atividade e a buscar atualização em seus conhecimentos. Ainda mais se é pago com dinheiro público, a partir dos impostos de todos nós, contribuintes de uma das nações com maior carga tributária do mundo, obrigados a trabalhar quase cinco meses por ano apenas para sustentar as ações do governo.

Por tudo isso, a discussão sobre meritocracia interessa a todos nós — professores, famílias de alunos, simples contribuintes. Não adianta querermos bancar os bonzinhos e fingir que nesse campeonato todas as partidas devem terminar empatadas sem que exista uma taça a ser levantada ao final pela equipe vencedora.

Os pódios se multiplicam pela vida afora. Alguém sobe neles sorridente, festeja, toma banho de champanhe, ganha prêmios. Mesmo que seja apenas metaforicamente. E sobe para ser celebrado e celebrar, porque naquele instante merece.

Todo dia, a cada momento, alguém se destaca e merece um reconhecimento ou uma recompensa. A escola não deve incentivar discriminações, competições sem sentido ou falsas superioridades. Mas não deveria deixar de reconhecer quem merece, sob pena de nivelar tudo numa massa informe de desmerecimento, acarretando a consagração da mediocridade.

Ficar atolado num pântano desse tipo é uma tristeza para o país. Isso, sim, é que ninguém merece.

Nos ombros de gigantes

setembro de 2010

No início de minha vida profissional, dei aulas para o ensino fundamental durante dois anos. Em seguida, durante alguns anos, como professora do que então se chamava curso secundário e ensino médio, corria diariamente de um colégio para outro, encarando turmas sucessivas — desde a primeira às sete e meia num colégio, passando por outro de tarde, e terminando às dez da noite num curso preparatório para o vestibular. Antes de dormir, ainda preparava aulas do dia seguinte, corrigia trabalhos, coisa que também fazia em eventuais tempos mortos entre aulas, nuns horários malucos que as escolas estabeleciam. Nos fins de semana, também era considerável o tempo reservado a essas atividades.

Era preciso correr atrás do sustento, ajudar a pagar as contas da casa e criar os filhos. Com toda certeza, vocês sabem muito bem do que estou falando. É esse o cotidiano do professor brasileiro.

Cansativo e desgastante. No entanto, apesar de tudo, animador e empolgante. Eu não queria outra profissão para mim.

Como podia me sentir assim? Por quê? Muitas explicações: a permanente renovação que nos vem do contato com o aluno é uma delas, sem dúvida. O desafio de estar sempre aprendendo e tendo de se manter atualizado é outra. Mas há ainda outro aspecto, igualmente considerável e com certeza uma das coisas mais bonitas do magistério: o sentido que a profissão tem. Eu trabalhava muito e ganhava pouco, como todo professor. Mas me sentia parte de um processo fundamental na história da humanidade: construir pontes, ajudar crianças e jovens a descobrir as belezas do mundo e enfrentar as dificuldades da vida, enquanto transmitia o conhecimento e o saber de um tempo passado para algum ponto do futuro.

Há uma declaração que ficou famosa, feita pelo cientista e filósofo Isaac Newton — descobridor da lei da gravidade e de como funciona a gravitação universal, considerado o pai da física moderna. Diante de alguém que lhe fazia elogios a propósito da revolução que suas descobertas significavam, permitindo a abertura de insuspeitadas portas para o desenvolvimento humano, e se admirava de como ele conseguira enxergar tão longe, o sábio explicou, com modéstia:

— É que eu estava montado em ombros de gigantes. Por isso podia ver melhor e alcançar mais do que os outros.

Referia-se, é claro, aos estudiosos que o precederam e de cujas reflexões e descobertas podia partir.

Costumo usar a mesma metáfora toda vez que, no exterior, me pedem uma explicação para o fato de termos no Brasil uma literatura infantil de tão surpreendente e incrível qualidade. Lembro então que nossos caminhos foram abertos por Monteiro Lobato, que criou uma obra diferente de tudo o que se fazia na maior parte do mundo então (com exceção do mundo anglo-saxônico e uma ou outra experiência original, como *Pinóquio*). Em sua obra, acreditou na inteligência da criança, tratou-a sem condescendência e incentivou sua autonomia.

Menciono esses exemplos porque creio que essa é uma das tarefas e responsabilidades do processo educativo: elevar as novas gerações, tirá-las do chão, e fazê-las contemplar tudo de um ponto de vista mais elevado. Ou seja, lhes transmitir conhecimentos acumulados pelos que vieram antes. Um saber que agora possa servir de ponto de partida para novos conhecimentos.

Em outras palavras: a educação é fundamental na constituição dos repertórios culturais de cada um, na formação do acervo básico que cada aluno carregará pela vida quando crescer.

Esse acúmulo de conhecimentos de base servirá para que se constituam as fundações do futuro edifício que cada indivíduo irá construir pelos tempos afora. Eles é que permitirão que se façam novas descobertas, que se compreendam alusões culturais encontradas em textos, que se decodifiquem eventuais referências a assuntos variados. O conhecimento de um repertório amplo e variado propicia que cada um possa se orientar mais tarde, saber o que procurar, o que acatar e o que rejeitar, sem se sentir perdido no labirinto de informações que o mundo contemporâneo despeja sobre os cidadãos. É ele que permite que a pessoa não seja dominada pelo fluxo de dados díspares que nos chegam a cada instante, mas que, pelo contrário, possa hierarquizá-los e organizá-los para encontrar caminhos, sem girar feito cabra-cega num labirinto. E também seja capaz de criticá-los.

Para lidar com este mundo tecnológico, que nos traz infinitas possibilidades de informação, é preciso que saibamos nos situar nele, desbastando o que não nos interessa a cada momento. O ponto de partida de cada um será sempre seu acervo pessoal. Daí é que cada leitor ou usuário das tecnologias poderá construir seus próprios diálogos com aquilo que recebe ou encontra.

A escola desempenha um papel muito importante na constituição desse repertório básico, completando o rico material que as crianças trazem de casa e da rua, de suas famílias e da turma de amigos, dos meios de comunicação em geral.

Tudo isso representa um desafio a mais para o professor de hoje. Precisamos nos acostumar a propor às crianças visões diferentes e auxiliá-las para que desenvolvam sua capacidade de pensar e analisar, dando-lhes condições para que se sintam seguras para contradizer e argumentar, em vez de serem meros receptores passivos e inertes do que lhes vem pela tela do computador ou da televisão.

Mesmo que não cheguem ao final de sua experiência escolar montados em ombros de gigantes, é direito dos alunos sair da escola no colo de alguém mais alto — sem riscos de serem pisoteados, mas na segurança de quem está entre braços protetores e em condições para olhar de cima para o que está em volta.

Viciados na telinha

outubro de 2010

Entre as perguntas repetidas que costumam me fazer, uma das mais frequentes é sobre a concorrência que as novas tecnologias fazem à leitura. Todo mundo parece se preocupar muito com o efeito que as telas da televisão ou do computador podem ter para desviar leitores das páginas dos livros. Realmente, são tentadoras. Mas não são o fim do mundo.

Às vezes respondo com lembranças de meu tempo de menina, quando televisão não existia com a força de hoje. Mas existia quintal — algo que, atualmente, em grande parte se acabou. E poucas coisas podiam ser tão tentadoras quanto quintal. Tinha árvore, terra, minhoca, espaço para correr, brincar de pique, jogar bola, fazer comidinha, pular amarelinha... Um monte de atividades muito atraentes que também competiam com a leitura. A gente brincava muito. E também lia muito.

Com essa lembrança, quero reafirmar que o problema não está na existência de outras solicitações tentadoras. Qualquer pessoa que gosta de ler sabe dosar seu tempo entre elas. Como na economia de nossa sociedade, o problema não está no fato de haver concorrência, está no monopólio. E recai sobre pessoas que ainda nem tiveram a oportunidade de saber se gostam de ler ou não. Quem já descobriu as delícias da leitura sabe escolher o momento em que vai ler, ou a hora em que se senta à frente da televisão, vai navegar na internet ou mergulha num videogame.

A primeira questão, então, seria garantir às crianças a descoberta das histórias e da literatura infantil desde cedo. Isso se consegue por meio de exemplo e constante convívio com livros — em casa, na escola, na frequência de bibliotecas, na ida a livrarias para folhear e explorar as páginas coloridas. Feito isso, o gosto pelas narrativas vem naturalmente.

Há, porém, outro aspecto que me preocupa muito mais. Esse, sim. É o que combina a dosagem e o conteúdo daquilo com que normalmente as crianças têm contato nessas novas tecnologias, quando não existe um cuidado dos responsáveis em orientá-las nesse universo. Nem vou falar nos perigos mais óbvios, no âmbito policial — como passar informações pessoais a estranhos, ou se deixar enredar em redes de pornografia, pedofilia e outras doenças sociais de nosso tempo. Mas falo de coisas mais simples: o tempão excessivo dedicado a esses meios e o conteúdo que passa a constituir a dieta quase única com que se alimenta o imaginário infantil nessas circunstâncias.

Quanto à dosagem, sabemos que o Brasil é um dos campeões mundiais do tempo médio que criança passa em frente às telinhas — tanto de tevê e vídeo quanto de computadores. Triste campeonato, sinal do abandono a que estamos relegando nossa infância. Mas não somos os únicos. E nem tudo o que as telas trazem é de se jogar fora. O que se precisa é selecionar e limitar. Recentemente, uma reportagem na televisão mostrou que na Inglaterra estão fazendo clínicas para adolescentes e jovens viciados em internet, locais em que os tratamentos para reduzir a dependência e enfrentar as crises de abstinência seguem os modelos das terapias com que se tratam outros vícios.

Por outro lado, também tenho constatado outro fenômeno, tanto em minhas andanças por nossas cidades quanto na leitura da imprensa. A proliferação das *lan houses* tem sido acompanhada por sua insistência em oferecer um cardápio único, de jogos do mesmo tipo — invariavelmente muito violentos. Há poucos meses, uma grande revista semanal trouxe um número especial sobre a expansão da informática e das novas tecnologias em geral, enfatizando sua extraordinária disseminação entre nós, com a multiplicação de pontos de acesso por toda parte — o que é ótimo, desejável e necessário, para reduzir desigualdades e aumentar oportunidades de conhecimento. Mas o que me chamou a atenção, em especial, foi um aspecto secundário, pelo qual a reportagem passava sem se deter. Todas as fotos de *lan houses*, em diferentes bairros e cidades, quando tiradas de um ângulo que permitisse ver o monitor diante do qual se sentavam adolescentes ou crianças, mostravam cenas de atirar em alvos — fossem eles no oeste americano, em ruas ocidentais contemporâneas, em aviões nos céus, navios no mar, estradas. Não se trata de um ou outro filme, história ou desenho animado, onde há uma batalha entre um lado e outro, inserida numa narrativa que lhe dá sentido ou opõe significados morais na escolha — como, em sua linguagem simbólica, a arte tem feito ao longo da história humana. Nada disso. É só um jogo de mirar e atirar, competindo para ver quem mata mais, e mais depressa. A mais absoluta banalização da violência e da agressividade, sem que haja qualquer consequência depois. Um treinamento para matar, em idade tenra. E ficar impune. Numa revista para educadores, não preciso dizer o que isso significa e ensina.

É mais do que hora de estarmos atentos para os cuidados que devemos ter nessa área: limites do tempo que as crianças dedicam aos jogos e escolha equilibrada dos conteúdos. Atentar para isso não é uma forma odiosa de repressão. Faz parte da responsabilidade social. E é uma manifestação de amor.

A ciência da Juju

novembro de 2010

Já comentei aqui que acho muito salutar que ultimamente as pessoas estejam começando a discutir a qualidade da educação brasileira. Claro que há muito palpite de quem não entende nada do assunto, ou de quem o encara a partir de ângulos tão inusitados e discutíveis que a conversa acaba não levando a lugar nenhum. Mas tem havido também ponderações equilibradas e um bom número de argumentos pertinentes, que merecem ser pensados por todos nós. Por vezes fica difícil separar o joio do trigo.

Mas algumas dessas manifestações merecem atenção. Muitas não partem de especialistas. Talvez por isso mesmo apontem carências bem concretas e visíveis para quem não está vivenciando nosso ensino no cotidiano, em sala de aula ou em gabinetes administrativos. Por exemplo, o cineasta Walter Salles Júnior, em uma entrevista há pouco tempo, trouxe à baila um aspecto importante, ao lembrar que tendemos a ter muito mais alunos na área de ciências humanas, considerada facilzinha, do que na de exatas. Mas sem esta, todo o setor de ciência e tecnologia fica paralisado e nosso desenvolvimento se vê comprometido.

Sabemos que essa distorção tem raízes que se plantam ainda na fase do ensino fundamental. E não ignoramos que os problemas ligados a ela não vêm de hoje. Trata-se de um fenômeno que vem se processando aos poucos, de maneira constante.

Bartolomeu Campos de Queirós publicou há alguns anos um belo livro inspirado em memórias de sua infância no interior de Minas Gerais. O título sintetizava o que era a característica do ensino que a sociedade esperava da então chamada escola primária: *Ler, escrever e fazer conta de cabeça*.

De cabeça? Como assim? Num tempo de calculadoras ainda tem sentido falar nisso? Que coisa mais jurássica... Essa passou a ser a reação mais frequente. Mas se é perfeitamente compreensível que a pura decoreba seja banida de sua velha condição de objetivo desejável no ensino, não deixa de ser também preocupante que quantidades cada vez maiores de estudantes sejam incapazes de saber de cor a mais elementar tabuada de multiplicar ou dividir. Para não falar do conhecimento de raciocínios matemáticos elementares para o dia a dia — como, por exemplo, montar uma regra de três simples, fazer cálculo de juros, ou ter a noção de quantos metros quadrados de piso serão necessários para revestir um cômodo.

Diante dessa negação em relação aos números, não é de admirar que tantas vezes as pessoas não consigam enxergar o óbvio. E se deixem enganar e manipular. No comércio ou nas eleições. Assim, com frequência, muita gente acredita que uma compra a longo prazo pode ser sem juros ou que estes não fazem diferença no preço. Ou imaginam que as aposentadorias saem de um saco de bondades ou de maldades do governo, sem qualquer relação com o que foi arrecadado, por quanto tempo, e para dividir com quantas pessoas. Mecanismos semelhantes ocorrem em relação ao seguro-saúde. Ou, então, se mesclam com a questão dos impostos, alimentando a incapacidade de relacionar o que é arrecadado com o que é devolvido ao contribuinte sob a forma de serviços públicos e o que é canalizado para despesas de custeio. Dessa confusão resultam a incompreensão em relação a quem tem responsabilidade fiscal e um comportamento infantil semelhante a acreditar em Papai Noel, esperando tudo de graça, alimentando clientelismo e populismo.

Tão grave quanto esses equívocos no plano da cidadania e no exercício político são as consequências econômicas dessa carência, lembrada por Walter Salles Júnior. Ou, como se costuma dizer, o efeito dessa debilidade educacional no nosso esforço para o desenvolvimento econômico. Na área da tecnologia e da ciência, de um modo geral e ressalvadas as honrosas exceções de praxe, deixamos muito a desejar. As escolas se ressentem da falta de professores de física, química, biologia, matemática. Temos poucas patentes de invenções brasileiras. Fazemos pouquíssima pesquisa digna desse nome.

No ensino básico, que é o que nos interessa mais diretamente, é fácil constatar que não damos atenção ao desenvolvimento do espírito científico nas crianças. Nossas aulas de ciências — quando as temos — tendem mais à repetição, ao continuísmo histórico do que ao desenvolvimento da percepção isenta. No máximo, entupimos os alunos de teoria. Não damos ênfase à experimentação, à observação dos fatos, à comparação de resultados, à sua análise por meio de um raciocínio lógico desprovido de emoções, ao rigor metodológico.

Na maior parte das vezes, mal conseguimos descrever os fatos como eles são, sem confundi-los com o que desejaríamos que fossem. Falta a nosso ensino um treinamento na objetividade e na impessoalidade.

Este ano celebramos o centenário de Noel Rosa. É uma pena que continue tão atual a atitude da Juju que ele canta numa marchinha:

"A Juju já sabe ler / a Juju sabe escrever / mas na divisão se enrasca. / Outro dia fez um feio / pois partindo um queijo ao meio / quis me dar somente a casca."

Dois meninos

dezembro de 2010/janeiro de 2011

São dois meninos apagadinhos. Ao mesmo tempo, têm tamanho brilho que sua luz me ilumina e seu exemplo me emociona. Tudo os separa, exceto a idade presumível. Pouco mais de seis anos, pouco menos de nove, talvez. Nada faria supor que pudessem estar tão juntos em meu coração e em minha mente. Mas o acaso os aproximou, por meio de meu encontro com eles. Estranho encontro, sem jamais conhecê-los. Seja como for, agora vivem aqui, diante de mim, pendurados na cortiça junto a minha mesa de trabalho, a irradiar sobre mim as suas bênçãos.

O primeiro menino é italiano e tem quase dois mil anos. Se quisesse ser exata, podia lembrar que morreu no ano 79, quando o vulcão Vesúvio entrou em erupção e liquidou a cidade de Pompeia e seus habitantes, entre os quais estava ele. Mas como era apenas um menino pintado numa parede, já devia ter mais tempo. E depois ressuscitou, podendo ser visto hoje novamente no mural da *Vila dos Mistérios*, mesmo com cores desbotadas e marcas da textura que se mostram sob as tintas do afresco. Está de pé junto a uma mulher, que o abraça enquanto lhe afaga o rosto em gesto carinhoso. Mas o menino nem liga. Está totalmente absorto na leitura.

É um dos raríssimos retratos que temos de uma criança lendo na Antiguidade. Antes que Gutenberg inventasse a imprensa, uns 1400 anos mais tarde. Antes mesmo que existissem livros copiados a mão em pergaminhos, nos mosteiros medievais. Portanto, o que o menino apagadinho lê é um rolo. Um códice. Devia ser segurado com as duas mãos e ia sendo cuidadosamente desenrolado de uma ponta e enrolado na outra, em torno a dois suportes de madeira. Dava trabalho e exigia fina coordenação motora, além da alfabetização. Pressupunha o domínio de um aprendizado especial. No entanto, o pequeno leitor está totalmente imerso no texto que lê. Como se não estivesse ali. Como se não houvesse nada além do que lia.

A cidade foi soterrada por cinzas e lava, poeira e pedra. Seus moradores se acabaram, tudo foi liquidado. Só no século XVIII um agricultor que trabalhava a terra localizou um muro de Pompeia. Pelos dois séculos seguintes, arqueólogos desencavaram o local e revelaram ao mundo os segredos do cotidiano da época romana. Entre eles o menino leitor, mergulhado em seu códice, absorto no que aquele texto lhe contava e revelava.

O segundo menino é brasileiro, traz até a bandeira no coração, e se chama Rodolfo. É uma das poucas coisas que eu sei dele. Há anos, numa feira de livros, numa fila de autógrafos, uma estranha se destacou na multidão e me entregou um desenho e um bilhete que ele escrevera para mim. Era a mãe dele, e logo saiu apressada. Só pude ler depois. Nunca mais deixei de reler. Quando tenho momentos de desânimo com a escrita, ele me dá força, me lembra que aquilo faz sentido.

O texto está todo em maiúsculas, como costuma acontecer com quem começa a escrever. Escrito com a força de quem está descobrindo o mundo e percebendo que é capaz de dominá-lo com as letras. Transcrevo apenas para facilitar, porque foi escrito a lápis e naquele jeito de quem acaba de aprender. Mas anexo a imagem, embora apagadinha. Nada, porém, consegue apagar o vigor de sua afirmação poderosa:

> *Eu gosto das suas histórias. Você podia fazer uma história chamada: mundo sem fim.*
> *Era uma vez um menino que vivia numa floresta que achou um mapa com letras ele não entendeu nada daqui a pouco ele juntou as letras e soube que não existia o final do mundo você pode continuar*
> *Rodolfo*

Na minha cortiça, lado a lado, o menino de Pompeia e o Rodolfo me lembram que a leitura e a escrita vencem o tempo e as tragédias, resistem ao final das cidades, ajudam a entender os mistérios da vida e garantem que não há fim do mundo.

Gostaria que toda criança tivesse a oportunidade de saber isso por dentro, mesmo que às vezes as coisas pareçam apagadinhas.

Professor não é incapaz

fevereiro de 2011

Recentemente causou grande polêmica um parecer da Câmara de Educação Básica e do Conselho Nacional de Educação do MEC, recomendando o banimento da leitura de *Caçadas de Pedrinho*, de Monteiro Lobato, nas escolas do Distrito Federal. As alegações para a decisão tinham a ver com a representação de Tia Nastácia na obra, por meio de estereótipos raciais. Incluíam também uma ressalva: o livro só poderia ser lido em sala de aula se a editora nele incluísse comentários ao texto, ressaltando seus aspectos negativos e formulando orientações específicas às escolas.

Na discussão que se seguiu, os aspectos odiosos do racismo foram tão ressaltados quanto as características inadmissíveis do dirigismo cultural por parte do governo. Não é o caso de aqui voltarmos a isso ou a detalhes da obra em si. É verdade, sim, que vários termos que o autor emprega refletem visões preconceituosas que sua época tinha em relação aos descendentes de africanos no Brasil, num momento ainda muito próximo da escravidão recente, com todas as suas sequelas sociais ainda muito vivas — como a ignorância e a pobreza em que foram mantidos. É inegável que a escola deve combater tais preconceitos e atitudes, inadmissíveis em qualquer circunstância.

O enfrentamento dessa questão, porém, não deveria passar pelo banimento do livro nem por enchê-lo de penduricalhos e comentários. Uma obra artística faz parte da história cultural. Não pode ser modificada nem corrigida a cada geração. Todo autor reflete seu tempo e por mais que alguns pretendam, não há como mudar o passado reescrevendo a História. O mundo não começou hoje. Shakespeare fala de seus personagens a partir da visão que seu tempo e sua sociedade tinham deles — e é assim que se refere ao negro Otelo, ao selvagem Caliban ou ao judeu Shylock. Euclides da Cunha, em *Os sertões*, reconta a epopeia de Canudos e aprende a admirar Antônio Conselheiro e seus jagunços, mas nem por isso deixa de se referir sempre aos sertanejos e mestiços com uma carga de preconceitos que nos horrorizam hoje quando o lemos. *As mil e uma noites* estão cheias de referências abomináveis aos escravos. Muitos grandes autores tratam a mulher em suas obras de um modo que hoje nos revolta. Os exemplos são infindáveis. Isso tudo, sem falar na Bíblia, repleta de referências mais que desairosas a vários povos, por vezes insultantes mesmo, incitando a sua destruição.

A solução não está em deixar de ler tais obras, mas em lê-las de forma crítica, contextualizada. Isso vale para obras literárias destinadas a qualquer idade, seja ou não no contexto escolar.

Mas quando essa leitura se associa à educação e aos canais burocráticos dos formuladores de políticas públicas de ensino, surge nessa recomendação da CNE/CEB um outro aspecto que me parece assustador e ofensivo ao professor. Por isso quero discuti-lo nesta nossa conversa.

Fico estarrecida ao constatar que o parecer pressupõe que o professor seja incapaz de exercer sozinho a sua profissão, fazendo com seus alunos uma leitura crítica e os orientando a analisar o contexto em que se insere o texto lido. Por que precisa que o editor faça isso por ele? Só há uma explicação para esse insulto ao magistério: as autoridades dispõem de uma radiografia confiável do nível precário desses mestres e, a partir dela, estariam constatando uma deficiência real na sua formação. Nesse caso, a solução está em formá-los melhor, não em tratá-los como incapazes.

Cabe ao professor desenvolver com os alunos a leitura crítica. Sem concordar com tudo o que o autor escreveu ou se pensava em sua época. Pelo contrário, fazendo uma viagem a esse tempo e o compreendendo, sem deixar de discordar. Supõe dialogar com a obra, distinguindo nela o que não se aprova e o que desperta identificação.

Um bom leitor de Lobato sabe que Tia Nastácia encarna a divindade criadora do Sítio do Picapau Amarelo. Ela é quem cria Emília, de uns trapos. Ela é quem cria o Visconde, de uma espiga de milho. Ela é quem cria João Faz de Conta, de um pedaço de pau. Ela é quem "cura" os personagens com suas costuras ou remendos, quem conta as histórias tradicionais, quem faz os bolinhos. Se é mostrada como negra e ex-escrava, é porque essa era sua cor e a realidade dos afrodescendentes no Brasil dessa época. Não é um insulto, é a triste constatação de uma vergonhosa realidade histórica.

Em vez de proibir as crianças de saber disso, seria melhor se os professores estimulassem a leitura crítica por parte dos alunos. Mostrassem como nascem e se constroem preconceitos. Sugerissem que se pesquise a herança dessas atitudes na sociedade contemporânea. Propusessem que se analise a legislação que busca coibir tais práticas. Ou o que mais a criatividade pedagógica indicar.

Mas para tal, é preciso ler Lobato e estar familiarizado com sua obra. Para saber quanto ela enche de orgulho uma cultura. Poucos personagens de livros infantis pelo mundo afora são dotados da irreverência de Emília ou de sua independência de pensamento, estimulando os leitores a pensar por conta própria, mesmo para discordar. Dispensá-la, sumariamente, é um desperdício.

O preço da ignorância

março de 2011

Começa um novo ano letivo, paralelo a novos governos que se iniciam, tanto no âmbito federal quanto nos estados.

Para todos nós, esse é um momento em que a educação volta a estar na ordem do dia, em pauta nas discussões pela imprensa ou nas conversas na sala dos professores. Desta vez, com um sinal de esperança: ao que parece, o país está finalmente compreendendo que é importantíssimo concentrar os esforços no ensino básico. Pelo menos, é o que se anuncia. Diante de tão desastrosos resultados que se repetem monotonamente nos testes internacionais de avaliação do aprendizado, ano após ano, está acabando o estoque de desculpas. A constatação se impõe: falta base. Vamos cuidar dela, então — parece ser, enfim, o entendimento. Será que caiu mesmo a ficha? E que vamos sair do blá-blá-blá?

Algo já foi feito, cumpre reconhecer. Os dezesseis anos dos dois governos anteriores nos deixaram a universalização da matrícula no ensino fundamental, o Fundef/Fundeb e o PNE. O debate da questão já se faz hoje em novos patamares. Mas embora estejamos caminhando na direção certa, a velocidade é muito lenta e temos muito chão pela frente. Ou seja, ainda falta muito.

De qualquer maneira, já se começa a discutir a questão em termos mais sérios. Alguns estados até já iniciam projetos piloto ou fazem experiências que podem servir de modelo. E já começam a se delinear com mais clareza algumas dificuldades concretas — o que torna mais fácil enfrentá-las para poder um dia chegar a algo que se aproxime de uma solução.

Por exemplo, hoje já se discutem os ridículos horários escolares no Brasil. Já começa a haver um consenso em torno ao fato de que não é possível imaginar que exista um aprendizado satisfatório quando os alunos mal chegam a passar quatro horas na escola (para não falar nas aulas que não são dadas porque faltam professores ou porque os professores faltam).

A ideia do horário integral e das escolas de turno único vai aos poucos se espalhando por toda parte, como ideal a ser alcançado.

Ao mesmo tempo, essa constatação lança luz sobre outra dificuldade terrível: o déficit de professores. Faltam docentes em todas as áreas, sendo mais acentuado o fenômeno no segundo segmento do fundamental, no ensino médio e no profissionalizante. Mas mesmo nas primeiras séries, faltam profissionais qualificados. E muitas vezes são mal formados. Também, se porventura houver alguns bem formados, vão trabalhar em outra coisa: não querem ser professores porque os salários são baixíssimos. Ou seja, tudo isso custa muito caro. E se tiverem que trabalhar com uma carga horária maior, exigida pelo tal horário integral, ih, vai ser um deus nos acuda... Aí mesmo é que o dinheiro não vai dar.

É esse o estribilho repetido, para adiar o enfrentamento do problema.

É isso mesmo: formar bons professores leva tempo e custa caro.

Mas quanto está nos custando manter uma população inteira na ignorância, geração após geração?

A única maneira de romper esse círculo vicioso é dar prioridade absoluta para a educação e nos dispormos a investir nela. A gastar, sim, com a boa formação de professores, que não é baratinha nem pode ser barateada. Um bom professor não se improvisa. Mas faz toda a diferença.

Só que tem mais: bons professores passam a valer mais. Tornam-se então merecedores de uma ótima remuneração, capaz de atrair bons quadros para o magistério e de elevar a qualidade do ensino.

Essa realidade existe em outros lugares e já existiu entre nós — ainda que em números reduzidos e, naquele tempo, voltada apenas para garantir um excelente ensino a uma pequena parcela da população. Quando existe, vem logo acompanhada de concorrência entre as escolas particulares pelos melhores mestres e concursos públicos para estabelecimentos oficiais, que oferecem estabilidade e mais garantias. Ou seja, pressupõe um ambiente de competição profissional e meritocracia, em que leva vantagem quem for melhor e mais preparado. Portanto, garantir que todos os aspirantes a professor tenham oportunidades iguais em sua formação também custa muito caro.

Tudo custa caro quando se trata de educação. E nem estamos falando de equipamentos, laboratórios, computadores, bibliotecas — que, aliás, não representam a parte mais difícil nesse esforço. Pelo que se vê por aí, é sempre mais fácil conseguir computadores para a sala de aula, por exemplo, do que professores bem formados e bem pagos. Talvez pela simples razão de que, antes que os computadores cheguem, alguém já ganhou dinheiro com eles. E para a sociedade ganhar com os professores bem formados, só bem depois...

Os ganhos da educação são sólidos, mas demoram. Não são vistos logo nem sentidos de imediato no bolso dos intermediários. A impressão que dá é que os governantes acham que mais vale ter quase 40 ministérios cheios de assessores, chefes de gabinetes e cargos de confiança. O Brasil tem o recorde mundial no número desses funcionários, todos pagos com nosso dinheiro. Aí não sobra para investir em educação o que é necessário. E vem a eterna desculpa: isso custa muito caro.

E a ignorância? O que está custando ao país?

Portas para a criatividade

abril de 2011

Durante mais de cinco anos, trabalhei no *Jornal do Brasil* como crítica de espetáculos para crianças. Durante esse período, não apenas assisti, pelo menos, a uma peça infantil por fim de semana, mas também fiz parte de incontáveis júris de premiação na área — tanto para examinar montagens prontas como para julgar concursos de dramaturgia. Algo que me impressionou nessa ocasião foi constatar como existe tanta gente que pretende escrever para esse público sem ao menos ter tido o cuidado de observar como são as crianças, como agem e se comportam.

Essa experiência despertou minha atenção para esse fato e procurei reparar em como atuam outros setores profissionais que trabalham com os pequenos. Em nenhum encontrei equívocos comparáveis aos que vira na área do teatro infantil naquele tempo. Mas, ainda que sem a mesma extensão e profundidade, também constatei que é bastante comum a existência de autores — e mesmo de professores — que passam distraídos ao lado da infância, sem atentar para as riquezas da imaginação infantil.

Uma situação recorrente nas peças que então apareciam era a que mostrava um grupo de crianças entediadas num dia de chuva, por exemplo, sem ter ideia para fazer coisa alguma, e de repente chega o adulto salvador (que podia ser um palhaço, uma velha excêntrica, um tio maluquete, uma fada, um duende) que lhes abre as portas da fantasia e mostra como o mundo pode ser interessante. Como se criança precisasse de adulto para ensiná-la a imaginar, inventar coisas, brincar de faz de conta. Como se não fosse ao contrário: nós é que temos o que aprender com elas nessa área, todos os dias.

Outro equívoco bem próximo a esse, e mais frequente nas áreas vizinhas à educação do que nas do teatro e da cultura em geral, é o que gira em torno ao conceito de criatividade. Quando os métodos de ensino conseguiram se libertar de modelos rígidos e repressivos, há algumas décadas, muitas vezes se instalou uma certa confusão entre liberdade para a criação e estímulo à criatividade, por um lado, e a mera improvisação caótica ou o aprendizado de técnicas, receitas e fórmulas, de outra parte.

A criação é um mistério que fascina a todos nós. Como escritora, nunca deixo de me maravilhar com seus caminhos, que frequento em minha prática profissional, sem saber como se abrem diante de nós. Mas não sei de onde vem, nem como. Sei, porém, que somos todos curiosos a respeito.

Uma vez passei um mês em Angola, durante a guerra civil, trabalhando com um grupo de angolanos para recolher contos tradicionais e treinar candidatos a escritor, para que pudessem recontá-los com graça. Durante esse programa, tive vários encontros com crianças e adultos que haviam lido minhas histórias e conversamos sobre elas. Em seguida, emendei com uma viagem à Suécia, num programa de divulgação de meus livros traduzidos por lá. Pois de Luanda a Estocolmo, do calor tropical ao frio quase polar, em todos os encontros uma das primeiras perguntas dos leitores era a mesma, apesar de mudar sua formulação: "De onde você tirou a ideia para fazer essa história?".

Ou seja, a curiosidade sobre os caminhos da criação é universal. No entanto, qualquer grupo de crianças quando começa a brincar vai logo imaginando e criando outras vidas: "Eu era a mãe e vocês eram os filhos" ou "Hoje a professora sou eu". Como canta Chico Buarque: "Agora eu era o herói e o meu cavalo só falava inglês".

Esse movimento é natural. Num primeiro momento, o que podemos fazer é deixá-lo à vontade para que se revele. Mas em seguida vem outra fase, que tem tudo a ver com a educação. Para que a criatividade se expanda é preciso ampliar os repertórios culturais, construir acervos de referências. No verso do Chico, por exemplo, é claro que ele faz alusão aos filmes de faroeste, falados em inglês, com seus caubóis e cavalos. Só pode fazê-la, porque foi ao cinema. Quanto mais filmes, livros, revistinhas, jogos, canções, peças, imagens as crianças conhecerem, mais material terão para alimentar sua criatividade a partir da imaginação que já possuem. Educar de verdade é sempre estimular a criação. Pode ser que no futuro seja usada para que um se desenvolva como artista, outro como cientista, outro como atleta, outro como administrador ou líder. Mas reverterá em benefício de toda a coletividade.

Amorosos e amadores

maio de 2011

O ofício de professor costuma ser associado à afetividade. Mais que associado. Muitas vezes, reduzido a ela. Poucas profissões se comparam ao magistério nesse aspecto da insistência externa em limitá-la ao terreno do afeto. Todos sabemos disso e conhecemos as vantagens e desvantagens dessa noção tão comum.

"A mestra é uma segunda mãe" foi um dos mais recorrentes clichês que acompanharam o ensino por décadas a fio. Quando, finalmente, as professoras começaram a conseguir se libertar desse lugar-comum foi apenas para pular da frigideira para o fogo e, de imediato, passar à categoria de *tia*. Quer dizer, continuaram a ser comparadas a alguém da família, da esfera doméstica, do puro afeto, numa visão que insiste em deixar em segundo plano o exigente preparo profissional e intelectual que a atividade demanda. Mas passaram a um segundo plano na própria esfera familiar, na medida em que tia tem menos poder dentro de casa do que mãe. E ainda carrega vagos vestígios daquela noção horrorosa de "ficar para tia", que se atribuía, em tempos não tão remotos, à mulher que não se casasse e ficasse relegada à condição de solteirona, incapaz de conhecer as tais *sublimes delícias da maternidade*.

Esse renitente preconceito tem servido para menosprezar a profissão, acentuando seu lado feminino — logo, intuitivo e não remunerado, de acordo com esse olhar deturpado. Ou sublinhando sua vizinhança infantil — portanto, sem poder, sem voto, sem autonomia, sem recursos próprios para o consumo.

Por outro lado, tal noção reconhece um fato inegável: o papel importantíssimo que os professores desempenham ao guiar os primeiros passos das crianças e o lugar correspondente que, por isso, passam a ocupar no imaginário e na memória dos seres humanos. Um lugar envolto em ternura e lembranças carinhosas, que cada aluno guardará ao crescer. Um lugar de perdas repetidas, anuais, para o mestre, que a cada ano se apega intensamente a um grupo de crianças, convive intimamente com elas, e depois as deixa partir. Na maioria das vezes, para sempre.

Ainda que lembradas com carinho, as primeiras professoras raramente são procuradas mais tarde pelos ex-alunos ou têm a oportunidade de acompanhar, ainda que de longe, o desenvolvimento das crianças a que foram tão ligadas. Plantam sem colher, ano após ano. Dão à luz, mas logo partem para o desmame e empurram do ninho os pimpolhos, que devem se virar sozinhos no futuro que já começa ali na esquina, ao virar do calendário de dezembro.

Nesse sentido, trata-se, sim, de uma profissão em que o lado emocional desempenha um papel significativo, acompanhando amor e perda, em sucessivos recomeços. Pressupõe, por parte do professor, um exercício permanente de treinamento amoroso, em que a cada ano se aprende a gostar dos recém-chegados e da atividade cotidiana de lidar com eles, ao mesmo tempo que é preciso se preparar para a despedida. Nesse contexto, cada reencontro futuro será uma celebração afetiva, na confirmação de uma permanência.

Daí, também, decorre a existência de uma sabedoria amorosa no trato entre professor e aluno. Mas muitas vezes, quem vê de fora não discerne bem o papel desse afeto. E confunde amoroso com amador, imaginando que, por se tratar de uma relação afetuosa, é apenas natural e prescinde de qualquer construção cultural.

Nada mais equivocado. Magistério não é coisa de amador. Ensinar é tarefa de profissional. Não se inventa um professor de uma hora para outra, por maior que possa ser algum talento individual, da mesma forma que não há um bom pianista que não estude diariamente, por mais genial que seja.

Não apenas é necessário que um professor conheça bem os conteúdos que a sociedade espera que ele ajude a transmitir às novas gerações. Ensinar vai muito além disso. Pressupõe dominar técnicas de ensino que motivem os alunos, e recursos que os aparelhem a fazer suas próprias descobertas nas situações futuras que encontrarão pela vida afora. Implica habilitá-los a pensar sozinhos, fazer suas próprias indagações, desenvolver meios de pesquisar e procurar respostas. Significa lhes dar os meios para seguir construindo seu próprio conhecimento, a partir de atitudes e valores que os orientem de modo sólido, capacitando-os a selecionar, hierarquizar e dar significado às incontáveis informações que lhes chegam de todos os lados na vida contemporânea.

Enfim, magistério é um ofício complexo e que exige formação contínua e permanente, a partir de uma base bem fundamentada e forte. Não pode ser visto como improviso de amador. Por mais que nunca deixe de ser um ato amoroso.

Todos podem fazer

junho/julho de 2011

Hoje lhe faço um convite. Para começo de conversa, vamos navegar pela internet e descobrir o Candoco.

Como assim, Candoco?

Palavra bem diferente. Parece japonesa. Mas é inglesa. E em sua busca no Google, antes de assistirmos a uns vídeos, você vai descobrir que também pode ser grafada CanDoCo. Assim mesmo, cheia de maiúsculas pelo meio. É uma palavra inventada, formada a partir de outras três — Can Do Co. Traduzindo: a Companhia que Pode Fazer.

Para explicar o nome e do que se trata, começo contando uma história, coisa de que gosto. Há vinte anos (que se completam este ano), uma grande bailarina inglesa chamada Celeste Dandeker levou um tombo no palco, teve uma lesão na coluna e perdeu os movimentos. No processo de recuperação, em meio a muita fisioterapia, comentou que se pudesse dançar com um colega em vez de apenas se exercitar com aparelhos as coisas seriam mais fáceis. Isso desencadeou uma rede. Alguns bailarinos vieram dançar com ela. Alguém ouvira falar de outro dançarino gravemente acidentado que, numa cadeira de rodas, fazia também seus exercícios de reabilitação. Os dois artistas se aproximaram, os amigos apoiaram e eles fundaram o Candoco. Uma companhia de dança integrada que reúne bailarinos portadores de deficiência e outros que não as têm. Uma proposta altamente profissional, voltada para um trabalho que ninguém ainda tinha feito: dançarem em conjunto criando uma nova estética, com padrões não apenas baseados na simetria ou nos movimentos graciosos que o balé clássico acostumou as plateias a esperar, mas explorando também a alegria de dançar sutilezas e capacidades vigorosas de expressão com o corpo na criação artística.

A companhia de dança inclusiva passou então a procurar coreógrafos de vanguarda, dispostos a encarar esses desafios. Muitos se sentiram especialmente estimulados pela proposta e, honrados pelo convite, começaram a desenvolver possibilidades até então inimaginadas na dança contemporânea. Ao mesmo tempo, o projeto atraiu bailarinos de toda parte — alguns que traziam deficiências físicas desde o nascimento, uma que não conseguia ouvir a música pela qual dançava, outro que tinha paralisia cerebral, um ex-atleta amputado após um desastre de automóvel, outros que apenas desejavam participar dessa experiência empolgante. E todos se exercitaram, aprenderam, ensaiaram, viajaram com a companhia, dançaram pelo mundo afora.

Você mesmo pode admirar uma amostra dessas conquistas, se entrar na internet na página deles e assistir a trechos de alguns desses espetáculos que Candoco vem apresentando no decorrer desses vinte anos. Talvez até já tenha visto algo da Companhia, sem saber — no encerramento das Olimpíadas de Pequim, o *show* que fazia a passagem para os Jogos Olímpicos e Paraolímpicos seguintes, em Londres, teve a participação deles. E já estiveram em festivais em Belo Horizonte e Juiz de Fora.

Paralelamente a essa carreira de sucesso mundial, com plateias entusiasmadas e vários prêmios conquistados, o Candoco vem também desenvolvendo um intenso trabalho educativo. Quando se apresentam em alguma cidade, organizam também uma oficina, para formar pessoas que possam começar a fazer um trabalho semelhante. Durante todo o ano, em sua sede em Londres, mantêm atividades educacionais. No momento, estão com dois dançarinos do Brasil na equipe, que atualmente têm como diretor artístico um brasileiro. Insistem em demonstrar e ensinar que não apenas eles, mas todos os outros nas mesmas condições também *can do*, também podem. Paralelamente, ampliam nossa percepção sobre o poder da arte e a capacidade do ser humano.

A discussão sobre educação inclusiva e o eventual fim das classes especiais está na ordem do dia entre nós. Muitas vezes provoca reações intensas, de quem se assusta com os desafios de ensinar a todo mundo junto — eventualmente por reconhecer que não está preparado para lidar com situações novas, difíceis e desafiadoras. É verdade que não é fácil. As circunstâncias variam de um caso para outro, as turmas nas escolas brasileiras são enormes, os recursos são precários, há poucos professores para a atenção personalizada que se exige em situações mais complexas.

Além disso (como deveria ser em todos os aspectos do magistério), não se formam capacidades de tanta responsabilidade da noite para o dia.

É preciso pressionar para que haja essa formação, em vez de negar a possibilidade de inclusão dos outros, como às vezes ocorre nesse debate. Amor e dedicação ajudam muito — mas nem sempre bastam.

Não somos iguais. Mas somos semelhantes. E, ainda que diferentes uns dos outros, somos companheiros de jornada no planeta, equipagem do mesmo navio. Cidadãos da mesma nação. Os portadores de deficiência pagam os mesmos impostos que os outros, têm direito ao mesmo tratamento, e necessidades ainda maiores. Atendê-las é uma obrigação da sociedade. Não é favor nem caridade, é um direito do contribuinte. Sem falar no lado humano e solidário indispensável para que se possa viver em sociedade.

Por tudo isso, eu quis fazer esse convite hoje: vamos navegar pela internet e descobrir esse trabalho, em www.candoco.co.uk.

E vamos também nos fazer ouvir com mais força, para exigir que a formação profissional do magistério seja digna desse nome e possa habilitar os mestres a compreender melhor as questões ligadas à inclusão, permitindo que possam lidar com elas de maneira respeitosa, paciente e eficaz.

Muito barulho por quê?

agosto de 2011

Muito barulho por nada é o título de uma comédia de Shakespeare. Houve quem lembrasse da expressão, na polêmica que varreu o país a propósito dos erros de português num livro didático distribuído pelo MEC. À medida que assenta a poeira, vale examinar a questão com mais calma. Foi barulho demais? Por nada?

Como todos, li a denúncia na imprensa e vi a imagem no noticiário da televisão, assinalados os trechos que legitimavam os erros em páginas que deviam ensinar. Coisas como "nós pega o peixe", seguidas da garantia de que se pode, sim, dizer isso. Em seguida, quando vieram me entrevistar, fiz questão de começar minha declaração com uma ressalva: "Custo a crer que seja isso. Se for, é um absurdo". Nos dias que se seguiram, foi possível ler o capítulo inteiro. Veio a contextualização. O livro não ensinava que se deve falar assim. Apenas registrava que existe essa construção falada. Constatava que o que se diz é diferente do que se escreve. Coisa que a língua admite, é um dado da realidade, como qualquer estudante de Letras sabe. E não se precisa de livro nem de escola para ensinar — como se constatou no dia seguinte no mesmo telejornal quando um menino explicou por que chegara hora e meia atrasado para a aula: "Nós veio a pé". Com a chuva, o ônibus escolar não vencia a estrada. O jeito era andar quilômetros. Qual o absurdo maior? O erro de concordância na língua falada ou o descalabro do abandono da escola como um todo?

Contextualizada, a afirmação no livro não era um absurdo. Era apenas mal formulada, infeliz e inoportuna. Não uma recomendação. Como quem diz que há quem sobreviva comendo só farinha e que isso é possível — o que não significa aconselhar que se cortem o feijão, arroz, carne e verduras. Mas o país foi varrido por uma grita geral. Ânimos exaltados. Por que tanto barulho?

Não faltou quem quisesse ver nefastas intenções oposicionistas nos protestos. Parece-me, porém, que se trata é de um sintoma positivo: o de que a população deseja que a escola ensine bem. Sinalizava que não está mais disposta a permitir que a qualidade da educação continue sendo menosprezada sem que se ponha a boca no trombone. Ainda mais porque essa foi só mais uma, numa fieira de trapalhadas na área. Ao se matricular num colégio, o cidadão tem o direito básico de exigir que seja respeitada sua oportunidade de aprender aquilo que sem o ensino seria impossível, de modo a ter condições de concorrer em pé de igualdade com os outros, e não ser relegado a uma condição inferior. Não quer ser tratado como o eterno coitadinho, mas ter a chance de se capacitar para melhorar de vida. Para ficarem lhe passando a mão na cabeça não precisa educação formal. Qualquer comício populista faz isso. E creio que grande parte da grita contra o livro se deveu a um protesto contra o que se identificou nele como populismo.

Talvez tenha havido leviandade por parte de alguns dos jornalistas que levantaram o assunto. Má-fé? Irresponsabilidade de repórteres e seus editores? Ou algo mais? Algo igualzinho ao que estava no livro criticado e poderíamos chamar, gentilmente, de relutância em corrigir. Se a escola hoje acredita que dá para ensinar sem corrigir a ignorância do coitadinho (e, para muita gente, essa vontade de ser bonzinho foi um dos fatores inadmissíveis no livro), parte da imprensa também se acha imbuída do poder supremo de corrigir os outros e não precisar ser rigorosamente correta. E o editor não corrige o repórter.

Outro engano de ambas é se contentar com visões parciais, descontextualizadas. Tirar algo do contexto é mudar seu significado. Se ocorre por falta de cuidado, mostra negligência e incompetência. Quando é proposital, trata-se de um procedimento pouco honesto. Parte da onda de indignação talvez seja também indício de que estamos ficando fartos da soma de tudo isso.

Um dos melhores treinos para entender num contexto o sentido das coisas é a leitura, sobretudo de textos literários, que apresentam muitos e variados sentidos. Além disso, as boas aulas de português devem ensinar como funciona a língua em que esses textos são escritos. Não como regras rígidas para excluir ninguém, mas como possibilidades de ordenação do pensamento, de modo a permitir que todos organizem o raciocínio e possam argumentar bem sem se deixar conduzir como um rebanho dócil. Que possam pensar por si mesmos e abrir novos horizontes para todos. Que possam ir além da mera comunicação e criar algo novo por meio da linguagem abstrata (seja ela exata ou poética) — na filosofia, na literatura, nas ciências, nos debates públicos. O ensino da norma gramatical culta e do uso formal do idioma é obrigação da escola. O que ela não pode é estigmatizar alguém pelos padrões da fala que traz. Mas deve habilitar o aluno a ser poliglota em sua própria língua, de modo a saber que linguagem usar em cada circunstância. É o que a nação espera.

Acho que o *muito barulho* não foi *por nada*, mas *por tudo isso*. Daí os protestos que se alastraram como rastilho de pólvora e arderam por semanas a fio. Um bom estopim, a indicar uma salutar explosão de uma sociedade que começa a reagir e não parece mais disposta a aceitar calada que a enganem em matéria de educação. Tomara que essas consciências continuem atentas e que se possa chegar à situação descrita no título de outra comédia de Shakespeare: *Tudo bem quando termina bem*.

Vamos passear

setembro de 2011

Quem não gosta de passear?

Criança adora. A tradição das brincadeiras infantis registra a cantante alegria de passear no bosque *Enquanto Seu Lobo não vem*. A música popular nos anos da ditadura militar, com Caetano Veloso, soube dar a esse ato simples o sentido de símbolo da liberdade suprema, ao chamar para as passeatas ao som de "Vamos passear na avenida". O convite é sempre irresistível. E a escola pode fazer excelente uso das oportunidades que ele abre.

Não precisa ser passeio complicado. Basta ser bem planejado e preparado. Antes de mais nada, evidentemente, em seus aspectos concretos: segurança, transporte, horários. É fundamental começar por eles. Isso nem se discute. Mas não é disso que vou me ocupar aqui. Quero falar é do próprio passeio em si.

Às vezes nem é preciso ir longe. Uma volta a pé pelos quarteirões vizinhos à escola pode trazer coisas muito interessantes. Sei de uma professora que combinou com o dono de uma oficina mecânica das redondezas uma visita de um grupo de alunos. Teve como resultado um aumento do interesse da turma pelos assuntos de ciências, a abertura de portas para a curiosidade por campos profissionais novos, um respeito crescente pelos conhecimentos dos outros, um maior entrosamento das crianças com a vida do bairro. O simples fato de assistirem a uma troca de pneus e ao conserto de uma câmara de ar, enquanto ouviam o borracheiro dando as explicações do que estava fazendo, por que e para que, rendeu depois boas análises em sala de aula. Meses depois, ainda estavam relacionando com outras atividades o que aprenderam na ocasião — do uso de alavancas e macacos hidráulicos para levantar pesos ao emprego de boias para flutuar num banho de mar.

Com toda certeza, o encontro com uma costureira que mostre como se corta e costura uma roupa ou mesmo uma visita à própria cozinha onde se prepara a merenda escolar podem ser janelas para o mundo e os conhecimentos. Cada ofício tem seu próprio universo e é da diversidade deles que se faz a vida em sociedade. Há professores que organizam um programa de conversas com familiares dos alunos em sala de aula, cada um contando o que faz e falando de suas atividades profissionais. São variáveis do passeio, quando não é possível sair da escola, mas se procura abri-la para o exterior.

Às vezes é possível conseguir condução para passeios externos mais longos, seja por canais oficiais que obtêm um ônibus para ir a uma feira de livros na cidade, por exemplo, seja pelo patrocínio de uma empresa no aluguel do transporte. Pode-se, então, ir a um parque, um jardim zoológico, uma fábrica (algumas têm programas de incentivo a visitas escolares), uma instituição cultural. Muitas vezes o próprio prédio visitado, em si mesmo, já vale a visita e possibilita conhecer coisas muito interessantes sobre arquitetura, história, arte. Uma igreja antiga, uma repartição instalada num edifício que foi uma residência, uma loja tradicional com mobiliário de outros tempos, há tesouros em nossas cidades ao alcance de um olhar educador.

Nessa área, vale a pena levar as crianças a um museu. Por incrível que pareça, o Brasil tem uma quantidade de museus impressionante, a maioria deles mal aproveitados ou simplesmente ignorados. Mesmo nos de organização mais precária, mesmo nos de cidades bem pequenas, há muito o que ver.

Na verdade, é isso o mais importante a se ganhar neles: aprender a ver. Deixar o olhar passear pelo conjunto, descobrir detalhes, ser chamado por algo miúdo ou se deslumbrar com uma visão nova e inesperada. Aqui, um bordado numa roupa antiga. Ali, um utensílio de madeira que não se usa mais. Adiante, uma ferramenta estrangeira trazida por imigrantes. Os arreios que se usavam nos animais. As malas e baús que vieram nos porões de navio, em longas viagens marítimas desde o outro lado do mundo. Os documentos onde se registraram casamentos, batizados, propriedades. Marcas da escravidão. Anúncios de jornais de séculos passados. Brinquedos de crianças, num tempo em que os objetos eram feitos a mão e muitas vezes não se compravam prontos. Rodas de carroças, contando sobre um mundo sem pneus e sem asfalto, sem motor e sem gasolina.

Museus de arte também são inesgotáveis como educação do olhar. O professor não precisa tentar explicar muita coisa, nem querer interpretar o que está sendo visto. Basta deixar que as crianças vejam, prestem atenção. Que aos poucos possam ir compondo seus próprios repertórios visuais, variados e únicos, cada um guardando o que mais impressiona. Em seu próprio tempo.

Ah, sim, porque o tempo é outro aspecto a respeitar nessas visitas. O tempo da criança. Não devem ser visitas demoradas, mas adequadas à idade delas, que não conseguem manter o mesmo nível de atenção em períodos longos. Adoram o que estão fazendo, sentem-se atraídas por diversos apelos, mas não demoram a se dispersar. Hora de sair, voltar para a sala de aula. E nos dias seguintes, conversar sobre o que foi visto, desenhar, fazer atividades a partir daqueles estímulos, fixar as impressões recebidas.

O passeio pode ser curto, só enquanto Seu Lobo da distração não vem. Mas sua melodia fica cantarolando para sempre na memória.

Aprender com as crianças

outubro de 2011

Todos sabemos que estamos sempre aprendendo uns com os outros. Mas quando nossa função é dar aulas e transmitir conhecimentos profissionalmente, às vezes ficamos tão focados nela que até nos esquecemos de quanto as crianças podem também ensinar aos adultos. Não apenas porque estão descobrindo o mundo, com um olhar novo, capaz de evitar visões desgastadas e viciadas, às vezes carregadas de preconceitos, ideias prontas e desapontamentos. Mas também porque, ao trazerem um peso menor da carga pesada de outros tempos, podem estar mais adaptadas ao dia de hoje e, principalmente, ao de amanhã.

Isso é algo que todos os adultos reconhecem ao ver uma criança lidar com as novas tecnologias, por exemplo — desde acertar um relógio digital a explorar as possibilidades dos telefones celulares ou dominar rapidamente os segredos de configurações num computador. É compreensível. Por um lado, nasceram num mundo em que tudo isso já faz parte do cotidiano, sem o assombro de gerações anteriores, diante de algo entre o mágico e o milagroso. Por outro lado, e em consequência disso, não se deixam intimidar pelo medo de quebrar algum mecanismo delicado. Partem logo para a atitude exploradora que já foi chamada de *pedagogia do futuca*: levam muito adiante o sistema de tentativa e erro e vão apertando botões, tocando a tela, mexendo em tudo até que surja a descoberta do que buscavam. Pelo caminho, descobrem muito mais.

Mas há outros aspectos. Há pouco tempo, conversando com Ruth Rocha e outros autores de literatura infantil, nos demos conta de que desde a década de 1990, quando o governo começou essa política de distribuição de livros de literatura infantil nas escolas públicas, houve uma mudança nas cartas de leitores que recebemos. Principalmente na virada do milênio, com os quatro anos do projeto *Literatura em Minha Casa*, que além de reforçar as bibliotecas escolares dava coleções de livros de qualidade, de gêneros variados, para que os alunos da quarta série levassem para casa. E lá, no ambiente familiar, essas obras começaram a ser lidas por todos, irradiando-se das crianças para os adultos. O que notamos é que mães, pais, avós começaram a escrever para os autores comentando conosco os livros que a garotada lhes apresentara. Em muitos exemplos, eram os únicos livros da casa. Com frequência, os primeiros daquela família — o que não é de se estranhar, considerando que os índices de analfabetismo brasileiro sempre foram vergonhosos e apenas naquela mesma década de 1990 estávamos conseguindo garantir matrícula em sala de aula para 98% das crianças em idade escolar.

O fato é que para nós, autores, esse momento trouxe reações emocionantes, testemunhos do encontro de leitores e livros. Às vezes até as crianças liam as histórias em voz alta para avós que não sabiam ler. Tivemos a comprovação de que o poder da escola e da educação alcança muito longe, vai muito além das meras paredes da sala de aula.

Pois agora surge outro belo exemplo desse fenômeno. Desta vez, na área de saúde. A Fapesp acaba de divulgar uma pesquisa mostrando que a ação das crianças pode reduzir riscos cardiovasculares dos pais. A pesquisadora Luciana Savoy Fornari, da equipe do cardiologista Bruno Caramelli, do Instituto do Coração da USP, constatou que por meio de um programa educacional infantil é possível diminuir muito o risco de que seus pais apresentem doenças relativas ao coração. O programa é multidisciplinar e foi testado em Jundiaí.

Alunos entre 6 e 10 anos foram separados em dois grupos. Num deles (o chamado grupo de controle), os pais receberam folhetos e palestras de orientação sobre alimentação saudável, os males do fumo e a importância de fazer exercícios. No outro, além disso, a ênfase sobre a prevenção focalizou também os alunos, tanto em sala de aula como na prática cotidiana: na orientação do que passou a ser servido nas refeições, em passeios de bicicleta incluindo as famílias, em peças de teatro sobre o tema, em palestras e aulas. Os resultados confirmaram pesquisas anteriores do mesmo tipo, feitas nos Estados Unidos. As crianças passaram a dar palpite em casa sobre a melhor refeição, as compras de supermercado, sugestões para andar a pé ou entrar para uma academia, deixar o fumo. No final de um ano, os pais foram novamente examinados clinicamente: pressão, peso etc. No grupo de controle, 13% tiveram seus riscos reduzidos. No outro grupo, em que as crianças também aprenderam, a redução foi de 91%.

O êxito desse projeto piloto foi tão animador que já se fala em estender esse programa de prevenção a todas as escolas públicas. Mas enquanto isso não se concretiza em âmbito geral, bem que dá para se buscar algum caminho desse tipo em escala mais modesta. Afinal, aprender com as crianças pode salvar vidas.

Exageros do consumo

novembro de 2011

Há quarenta anos, o Brasil vivia sob uma ditadura militar e eu estava exilada com marido e dois filhos pequenos. Tínhamos acabado de nos mudar para Londres, onde a legislação era mais favorável à procura de um emprego do que em outros países estrangeiros, para tentar sobreviver sem depender da eventual e difícil ajuda da família no Brasil. Além de dar aulas e trabalhar como jornalista, eu completava o orçamento enviando minhas primeiras histórias infantis para uma revista lançada havia pouco em São Paulo. Era um bom reforço e sempre me pediam mais, porque o público parecia gostar — os números das vendas subiam quando as histórias eram minhas ou da Ruth Rocha.

De repente, tudo mudou. Veio um novo editor chefiar a redação em São Paulo e, quando enviei a história que tinham me pedido para o número de Natal, ela foi devolvida para ser modificada. Fui acusada de pretender desestimular o consumo infantil, numa história em que um menino tenta descobrir o que significa o Natal. Seria um crime contra a publicidade, fonte de sustentação da imprensa.

Não era uma mensagem consciente, de minha parte. Quando escrevo, não costumo me preocupar diretamente com o que aquela narrativa vai ensinar. Quero contar uma boa história e ser fiel a mim mesma. Mas, sem dúvida, essa história refletia o que penso. Não creio que o consumismo desenfreado seja o espírito do Natal. De qualquer modo, embora precisasse muito daquele dinheiro, me recusei a fazer no texto a modificação pedida. Em represália, a revista decidiu que não publicaria mais minhas histórias. Nem aquela, nem qualquer outra — para eu aprender a me comportar bem. Só voltei a colaborar com aquela publicação anos mais tarde, já em outras circunstâncias, quando voltei para o Brasil, aquele editor foi demitido e o cargo passou a ser ocupado por Ruth Rocha. Pouco depois, quando publiquei meus primeiros livros, essa história saiu também separadamente.

É *O Natal de Manuel*, hoje é editada pela Global e seus possíveis efeitos perniciosos podem ser conferidos por qualquer leitor.

Não se trata de um texto panfletário. Mas é, sim, uma história que contesta o consumismo, a ideia de que é indispensável comprar por comprar, querer ter sempre mais, mesmo aquilo que não é necessário. Criei meus três filhos dessa maneira e, modéstia à parte, acho que são razoavelmente equilibrados nessa área.

Pensei muito nisso ultimamente por uma coincidência de vários fatores. Primeiro, recebi de um dos sobrinhos o *link* para uma campanha pela *web*, convocando para Um ano sem Z. Na verdade, o que eles propõem e estou indicando pela letra Z é o nome de uma cadeia internacional de lojas, começando por essa inicial. Recentemente, andou pelos jornais porque se descobriu que várias das roupas que compõem seu *look fashion* são fabricadas por confecções que exploram o trabalho em regime semiescravo. Não são as únicas, nem isso ocorre apenas na área da moda. O fato serviu para lembrar a todos que muitas vezes essas moedas têm duas faces. O supérfluo caríssimo pode ser o reverso da necessidade extrema.

Recebi o *link*, fui ver. Descobri uma comunidade virtual de jovens que se propõem a passar um ano sem comprar roupas de etiquetas famosas, para segurar o consumo. Poucos dias depois, li no jornal uma entrevista da educadora Regina de Assis, comentando sobre a distorção crescente de se dar mais importância ao ter do que ao ser e sua influência nefasta sobre crianças e adolescentes. Tem toda razão. A especialista também está certa quando, falando sobre o curso que ia ministrar sobre criança e consumo, afirma que pais e educadores são responsáveis, mas pouco podem fazer diante da enxurrada de incentivo ao consumo. E também quando lembra que, diante do bombardeio publicitário dirigido pela mídia ao público infantil nas semanas que antecedem datas como o Natal ou o Dia das Crianças, as famílias com menos recursos chegam a transformar em ódio seus sentimentos de frustração. Com essas observações, nos lembra a importância de que todos tentemos manter e transmitir uma visão crítica sobre esse fenômeno contemporâneo. Até mesmo com as prioridades certas, sublinhando que os direitos do consumidor não devem ser prioritários em relação aos direitos do cidadão. Entre eles, o da infância ser preservada de estímulos exagerados ao supérfluo.

Outra leitura recente interessante foi um artigo que aparecia com um conceito novo, *edutenimento*, uma palavra que mistura educação e entretenimento. Parte da observação de que muitas marcas famosas estão preocupadas com os excessos da publicidade dirigida às crianças e procuram associar seu nome a formas de diversão que também ensinem, de modo a enfrentar os males de coisas como obesidade infantil e consumismo. Então propõem um *marketing* mais sutil e inteligente, que mostraria seus produtos em meio a situações divertidas e educativas, disfarçando que se trata de publicidade e atingindo o consumidor infantil de modo mais inesperado, que o pegue desprevenido. Basta prestarmos atenção ao que nos cerca e constatamos que tais recursos já estão sendo amplamente usados. Para o bem ou para o mal.

Pensar e coçar é só começar... E juntar fatos e ideias.

Todos vimos no noticiário quadrilhas de crianças (em São Paulo, sobretudo, mas também em outras cidades) invadindo e atacando estabelecimentos comerciais para roubar — e depredando as dependências das repartições para onde foram levadas em seguida. Acostumadas a não ter limites. E ouvimos a gravação da espantosa recomendação de uma das mães a sua filha levada para uma repartição de proteção ao menor, dizendo-lhe que deixasse de ser besta e jamais voltasse ao local do crime, para não haver chance de ser apanhada. Em Vila Velha, no Espírito Santo, uma das crianças apanhada nesse arrastão em uma loja de roupas no bairro da Glória tinha apenas quatro anos. Com várias outras, formava um bando sob o comando da única maior de idade — uma menina que recém completara 18 anos.

Vimos também os violentos distúrbios de Londres que, a princípio, pareciam provocados por questões raciais ou econômicas, mas depois mostraram outra face que aos poucos foi se impondo como a dominante — a da busca desenfreada do consumo. Os principais alvos dos saques foram cosméticos, acessórios e roupas de *griffes* famosas, e jogos eletrônicos. Numa só loja de artigos para ciclismo, as vitrines foram quebradas e em minutos roubaram-se mais de 400 bicicletas. Comentando esses acontecimentos, especialistas assinalaram que há anos estamos nos transformando numa sociedade que estimula a cobiça, a invasão e o saque. Ou ensinando às crianças que *griffe* da moda define a identidade, e que não há valor mais alto que o direito ao consumismo, único capaz de alicerçar a autoestima.

Esse modelo econômico e de conduta torna difícil absorver a austeridade que as crises atuais estão exigindo. Ainda mais quando existe um consenso comportamental que se baseia no predomínio da cultura de gangues, muitas vezes com ênfase em limites territoriais e identificação de seus membros com códigos de cores, por exemplo. Nesse contexto, o que os estudiosos chamam de lealdade tribal muitas vezes passa a se sobrepor aos laços familiares, numa busca letal por respeito e proteção grupal. Basta começar uma ação violenta, quase a esmo, e aquilo se alastra como fogo em gasolina, de modo incontrolável. Há tempos, vozes isoladas vêm alertando as autoridades quanto a esse fenômeno na Europa, por exemplo, mas sem clareza quanto a possíveis saídas para encarar o problema. Ora se defende a segregação dos chamados maus elementos, ora se advogam tentativas que facilitem sua integração. Mas falta uma discussão consistente do assunto, concreta e interdisciplinar, com vontade de chegar a algum consenso eficaz.

Esses acontecimentos a que me referi encheram páginas de análises feitas por jornais e revistas e de reflexões multiplicadas pela internet, algumas muito interessantes. Alguns autores chamam a atenção para o fato de que muito do que esses adolescentes e jovens adultos encontram como produtos culturais a sua disposição estão também associados a níveis extremos de violência — em jogos, imagens, textos — muitas vezes gratuita ou claramente buscando a eliminação do outro. Lúdica, aparentemente. Ou até simbólica. Mas nem por isso menos total em sua intolerância e vacuidade.

Muitas vezes tais produtos encorajam total complacência em relação a qualquer coisa que não seja a aparência — como define a pesquisadora Kimberley Reynolds em sua obra *Radical Children's Literature*. Na semana dos distúrbios em Londres, por exemplo, o livro que estava em primeiro lugar na lista dos mais vendidos no país tinha um título bem claro: *Ódio*. E a capa mostra um *skinhead* e uma suástica. Uma sugestão de herói...

É claro que isso não significa que o sucesso de um livro sobre o assunto seja causa da violência. Mas não há dúvidas de que se trata de um sintoma. Principalmente porque faz parte de uma safra de obras cujo foco principal é apenas o conteúdo, sem qualquer preocupação com uma utilização estética dos poderes da narrativa ou da linguagem visual, talvez capaz de abrir portas para significados mais fundos. São livros que seguem fórmulas para glamurizar a violência, entre a aparente denúncia estereotipada e a justificativa socioeconômica para legitimar comportamentos extremados. São histórias nas quais o niilismo, o pessimismo e um certo cinismo revestem um sentimento mais pervasivo de inutilidade, impotência, desesperança e uma estética da total negação, encarnada em protagonistas perturbados, vistos como produtos inevitáveis e inocentes de uma sociedade perturbada, sem qualquer sugestão de que as coisas poderiam ser diferentes ou de que seria desejável procurar alguma transformação ou acreditar em uma saída. De que vale a pena sonhar com um futuro diferente, enfim.

Algumas semanas antes desses distúrbios de Londres eu já procurara reler esse livro (que me chamara a atenção há algum tempo), porque fiquei muito perturbada com a conduta daquele atirador norueguês que explodiu um prédio em Oslo e depois foi para uma ilha sozinho matar a tiros dezenas de jovens indefesos num acampamento de verão.

É verdade que estou falando de coisas que aconteceram lá longe, do outro lado do oceano. As vítimas dessas distorções não são as nossas crianças, são as deles... E são adolescentes e jovens. Mas não podemos continuar agindo como se não tivéssemos nada a ver com isso. Ou se fosse apenas um dos males do capitalismo do primeiro mundo, diante de imigrantes egressos de suas antigas colônias, como herança de um velho imperialismo.

No fundo, aliás, isso é o que se constata que a sociedade está fazendo, em especial muitas famílias: achar que o problema é dos outros, que é possível fingir que se ignora e deixar que a escola cuide do assunto. Mas é uma questão muito maior que a escola, ultrapassando o alcance de sua esfera de atuação. De qualquer modo, a Federação de Sindicatos de Professores do Reino Unido fez um amplo estudo que resultou num longo relatório e na divulgação de um documento, em que sugere algo que pode estar ao alcance dos docentes e das instituições de ensino em geral — propõe que se discutam nas escolas diferentes programas que sejam eficientes de desglamurização da violência, como parte da educação. Chegam a sugerir, em alguns casos, a possibilidade de organizar visitas de adolescentes a prisões e a hospitais, para ver como são. E recomendam que se procure evitar a repetição de descrições brutais e de detalhes violentos gratuitos no dia a dia, enquanto se tenta entender o que está ocorrendo com nossas sociedades. Algo em que, evidentemente, há influência de fatores como ambientes disfuncionais, poucas expectativas de melhora real, falta de atividades positivas, economia das drogas, corrosão social. Mas apenas isso não basta para explicar os comportamentos extremos e as atitudes radicais a que temos assistido, até mesmo como forma de o adolescente conquistar a admiração do grupo ou de se valorizar na vitrine da competição sexual.

Talvez seja hora de abrirmos os olhos e começarmos a discutir até quando a educação vai ser cúmplice dessas práticas. Pela simples omissão ou despreparo.

A beleza necessária

dezembro de 2011/janeiro de 2012

Entre algumas perguntas recorrentes que costumo encontrar quando dou entrevistas ou em conversas com leitores, dou uma resposta que em geral surpreende. Pelo menos, é diferente da ideia de quem perguntou. Quando se tenta descobrir influências em minha formação, em geral, quem levanta essa questão está pensando em escritores que tenham servido de exemplo para que eu me convertesse em escritora. E minha resposta decepciona.

É claro que li e admirei muitos escritores. Alguns desde muito cedo, outros alguns anos mais tarde. De Lobato a Erico Verissimo e Rubem Braga, de Machado de Assis a Albert Camus e Fernando Pessoa, em diferentes momentos de minha vida e formação fui recebendo marcas de grandes nomes da literatura. Mas a verdade mais recôndita é que me sinto muito mais marcada por meus professores e tenho certeza de que deixaram uma influência duradoura em minha vida. Já escrevi sobre isso algumas vezes e nunca me furtei a lhes render homenagem e manifestar meus agradecimentos.

É sobre isso que eu gostaria de conversar hoje. Muitas vezes, enrolado em um cotidiano que exige milhares de pequeninas providências desgastantes, o professor nem se dá conta de como pode ser admirado pelos alunos e de como seus menores gestos podem ficar na lembrança deles para sempre. Ou de como atitudes aparentemente simples, de confiança na capacidade da criança e de compartilhamento de observações sobre a beleza da arte ou da natureza, podem equivaler a dividir com ela um tesouro, que a acompanhará pela vida afora, para sempre.

Recentemente li um artigo do artista gráfico Elifas Andreato, em que ele celebrava a pasta de recortes de sua professora, dona Gilda. Num tempo sem internet, numa escola pobre, sem internet nem televisão, a mestra guardava páginas de revistas com reproduções de obras de arte para mostrar a seus alunos. Foi assim que o pequeno Elifas travou conhecimento com as pinturas de Portinari, de Rafael, de Leonardo da Vinci, de Michelangelo, dos muralistas mexicanos. E mesmo com a obra do escritor espanhol Miguel de Cervantes, cujo *Dom Quixote* ganhara ilustrações a lápis de cor feitas por Portinari — e dona Gilda mostrou a seus alunos.

Há poucos meses, visitando uma escola estadual em Sooretama, no norte do Espírito Santo, pude ver o belo trabalho que as professoras tinham feito com seus alunos, explorando na internet a obra de grandes pintores — Van Gogh, Cézanne e tantos outros. O preferido deles, o norueguês Edvard Munch, acabou servindo de ponto de partida para um comovente trabalho escolar. A pintura das ondas (sonoras?) e da ponte que servem de fundo para seu quadro *O Grito* foi ampliada pelas crianças para cobrir uma parede e, na frente dela, cada aluno foi fotografado dando seu GRITO único e pessoal, para depois comporem um mural coletivo. Quando se sabe que esses mesmos alunos têm aulas na reserva da Mata Atlântica ali pertinho (na qual já trabalham duas ex-alunas da escola), dá para perceber como natureza e cultura podem se completar, como arte e ciência são duas maneiras complementares de interrogar o mundo.

A cravista Rosana Lanzelotte deu um belo depoimento sobre diversos projetos que atuam para aproximar a música de concerto (que muitos chamam de clássica) dos jovens de comunidades carentes. Ao contrário de visões preconceituosas que erroneamente consideram que a chamada música clássica é elitista, Rosana demonstra como os caminhos que levam ao sublime e ao sagrado por meio da beleza podem e devem ser democráticos, propiciando descobertas duradouras e transformadoras. Quando, há alguns anos, publiquei meu livro *O menino e o maestro*, dedicado a Paulo Moura, contava uma história inspirada nessa realidade. Tive, então, a oportunidade de discutir o assunto em várias turmas de alunos, e confirmar minha certeza de que essas barreiras são totalmente artificiais e não resistem ao menor sopro de realidade. Em seu artigo, a cravista cita exemplos cariocas: a Escola de Música Villa-Lobos, a da Rocinha, a Ação Social pela Música no Dona Marta, a orquestra de violinos do Centro Cultural Cartola e a Orquestra Infantil Maestro José Siqueira, na Mangueira, o Portal Musica Brasilis, o Projeto Música nas Igrejas. Há vários outros —

dos Pequenos Mozarts à belíssima obra da Escola Portátil de Música. Mas em todo o país os exemplos se multiplicam.

No quadro geral das desigualdades brasileiras, existe um fosso separando nossas crianças, antes mesmo de chegarem à sala de aula. As casas são diferentes, e não apenas no nível salarial do chefe da família — ou na existência de uma estante de livros e uma memória de leituras compartilhada e transmitida — mas sobretudo no abismo que separa umas crianças das outras pela bagagem que trazem para a escola, produto tanto do ambiente familiar e social quanto do nível de informação acumulada no ambiente doméstico. Tem valor incalculável tudo o que os professores puderem fazer para lançar pontes que possam cruzar esse abismo. Ouvir música de boa qualidade, ler boas histórias, mostrar reproduções de obras de arte, todos esses caminhos levam a algo maior do que o dia a dia de cada um de nós. Lembrando que, como diz o poeta, a arte é necessária porque a vida só não basta.

Apossar-se de um tesouro

fevereiro de 2012

Quando eu nasci, era filha única. Mas isso não durou muito e virei a mais velha de um monte de irmãos. Somos onze. E tínhamos uma quantidade de primos inacreditável: tanto meu pai como minha mãe tinham seis irmãos. Alguns desses tios tiveram uma filharada, o que me deu 14 primos mineiros, 7 gaúchos, muitos fluminenses, outros tantos capixabas. Fora os primos de segundo grau, sobretudo filhos dos primos de minha mãe, de convívio muito próximo e laços íntimos até hoje, que se prolonga já por nossos netos, por incrível que pareça. De perder a conta e o fôlego. Principalmente porque nas férias de verão convivíamos pelos mesmos quintais numa praia do Espírito Santo, por onde a família se espalha desde 1922. Hoje, meus netos e sobrinhos-netos brincam por lá, em meio às novas gerações dessa primalhada e seus amigos.

É com alegria que a gente vai acompanhando as transformações e vendo como a garotada continua brincando na praia, correndo pelos gramados e subindo pelos galhos de goiabeiras, mas é capaz de ficar horas em torno a games, de tabletes na mão. Ou de livro na mão, um mais velho lendo para os menores, como tantas vezes fizemos ou ouvimos na nossa infância. Agora (como sempre) os recém-alfabetizados andam dando sua leitura em voz alta de presente aos pequeninos, fascinados com aquela mágica de transformar papel com manchinhas de tinta em histórias que fazem sonhar. Têm à sua disposição um excelente acervo que a literatura infantil brasileira foi construindo ao longo das últimas décadas. Uma variedade de alto nível, com uma riqueza de repertório de que muito poucas culturas podem se gabar em nossos dias.

Ao mesmo tempo, mesmo já lendo, não querem perder a alegria de escutar com atenção uma história lida. Começam a pedir aos pais que lhes contem outras, mais compridas, sem tanta figura para distrair. E vejo os pais deles, meus sobrinhos, em busca do repertório que os deliciava na infância — histórias tradicionais populares como a de Pedro Malasartes ou João Bobo, contos de fadas, a obra de Monteiro Lobato ou *Cazuza*, de Viriato Corrêa. Vivem uma experiência emocional gostosíssima, de descobertas conjuntas e encantos compartilhados. Ao mesmo tempo, têm a oportunidade de levantar dúvidas, medos, angústias e tentar aprender a conviver com as inevitáveis zonas de sombra que nos acompanham.

Além de todos esses aspectos positivos no terreno da afetividade, evidentes por si só, observo como esse processo vai construindo neles um embasamento humanista para o futuro, paralelo à aquisição de parte de um legado cultural milenar, que constitui um tesouro das civilizações.

Não vivemos apenas de tecnologia de ponta e modas passageiras. Além da inserção no contemporâneo, precisamos também fincar raízes em uma linha de continuidade e ter a segurança de uma certa permanência, fixada na cultura da humanidade, que vem sendo construída há milênios. Sentir que coisas diferentes têm ritmos diferentes. Umas exigem resposta imediata, quase automática. Outras demandam um tempo de reflexão e entendimento para amadurecer uma reação. Precisamos de ambas as experiências. Uma alimenta a outra. E nós nos nutrimos de todas.

Vários estudos demonstram que a aquisição desses repertórios na infância contribui enormemente para o desenvolvimento das capacidades próprias e estimula a imaginação tão necessária a cientistas, inventores, artistas, estadistas. Fundamental para sonhadores ou para empreendedores. Na Universidade de Cambridge, por exemplo, a professora Juliet Dusinberre pesquisou as leituras infantis de vários *monstros sagrados* das letras em língua inglesa no século XX e fez algumas descobertas interessantes. Entre elas, a de que todos os que revolucionaram essa literatura no modernismo com suas experimentações radicais na linguagem ou na maneira de contar histórias (como James Joyce, Virginia Woolf e Ernest Hemingway) tinham tido intenso convívio, em criança, com a leitura de obras de autores sem condescendência com a facilitação no que escreviam, e sem preocupação em insistir em dar lições. Ou seja, autores como o Lewis Carroll de *Alice*, o Robert Louis Stevenson de *A ilha do tesouro* e *O médico e o monstro*, ou o Mark Twain de *As aventuras de Huckleberry Finn*. Autores que não faziam a menor concessão a um linguajar simplificado ou a uma história paternalista de heróis e vilões claramente divididos, mas, pelo contrário, erigiam desafios à leitura infantil e exigiam cumplicidade na decifração de significados mais profundos. Mas ao mesmo tempo foram capazes de criar enredos empolgantes e personagens atraentes.

Naquele tempo, sem a concorrência de outras tecnologias mais visuais e eletrônicas, as crianças desenvolviam muito cedo o fôlego de leitura que lhes permitia mergulhar nessas obras logo que se alfabetizavam. Hoje, provavelmente os primeiros passos por esse território serão mais firmes se acompanhados por um adulto que leia junto e comente — ou a partir de leituras em voz alta, ou em leituras paralelas que se reúnam depois numa conversa sobre um episódio lido. Em ambos os casos, será uma experiência deliciosa e enriquecedora para ambas as partes.

História, escala e escola

março de 2012

Muitas vezes vemos resultados baixíssimos de avaliações educacionais no Brasil. Aplicam-se os testes, divulgam-se performances de diferentes países, e lá estamos nós nos últimos lugares. Entra ano e sai ano, a história se repete — mesmo que possa haver uma ou outra melhora aqui ou ali. Provavelmente isso indica que as mudanças são lentas mesmo. Mas outras nações (a Coreia é sempre lembrada nessa hora) já demonstraram que é possível melhorar muito, se essa meta for prioritária e se define com clareza uma política pública global com esse objetivo.

Para bem situar a discussão, vale a pena insistir em ver as coisas em seu contexto mais amplo. Para isso, trago duas considerações.

A primeira é a própria escala brasileira, com a qual convivemos naturalmente e estamos tão acostumados que por vezes esquecemos dela. Somos um país enorme, de população gigantesca. Por isso, a busca de paliativos não passa de gotas num oceano. Sinal de boa vontade, mas inócua. Precisamos também levar em conta o aspecto global. Basta um exemplo. Quando Fernando Morais era secretário da Educação em São Paulo, contou numa entrevista ao jornalista Alexandre Machado que pensou em reforçar a merenda escolar dos alunos da rede pública, acrescentando um ovo por dia às refeições das crianças. Constatou que não era exequível fazer isso de uma hora para outra. Exigiria um planejamento cuidadoso e várias medidas prévias. Por uma razão muito simples: eram seis milhões de alunos. Precisaria adquirir diariamente mais seis milhões de ovos e mais um percentual razoável para cobrir eventuais perdas de um produto tão perecível. Quase sete milhões de ovos por dia. Mesmo que conseguisse que as galinhas pusessem mais ovos ou se incorporassem mais galinhas poedeiras e aumentasse a quantidade e a produtividade das granjas, ainda precisaria de embalagens, depósitos, frete. Tudo isso apenas para o estado de São Paulo e sua rede pública, sem falar nos níveis municipais e federais, nem nos outros estados. E não estamos discutindo os custos, mas partindo do pressuposto de que se decidiu fazer essas despesas, por considerar que são importantes e prioritárias. Esse exemplo simples mostra a situação que se enfrenta na distribuição de livros e material escolar, por exemplo.

Quando o ministro Paulo Renato, no governo Fernando Henrique, começou os programas de vasta distribuição de livros infantis (como o *Literatura em Minha Casa*) para que chegassem a todo o ensino fundamental público, grande parte do tempo e dos esforços que precisaram correr paralelos, enquanto especialistas e editores montavam as coleções de livros, destinavam-se a formar uma rede logística que permitisse a chegada desse material aos rincões mais distantes do país.

Não estou pretendendo discutir nada disso, nem a merenda nem o material. Quero só acentuar o tamanho do problema. Os aspectos geográficos e demográficos, digamos.

Mas há também o aspecto histórico. O segundo lado do problema para o qual eu queria chamar a atenção. Os nossos vergonhosos recordes, nos quais se insere a calamitosa situação do ensino brasileiro. Basta lembrar alguns.

Fomos o último país ocidental a abolir a escravidão e fizemos isso sem compensação financeira aos ex-escravos, sem lhes dar condições de começar uma vida independente e economicamente produtiva — ao contrário do que defendia, por exemplo, Joaquim Nabuco, e diferentemente do que ocorreu nos Estados Unidos, onde a lei assegurou a cada recém-libertado um acre de terra e uma mula para nela puxar o arado ou uma carroça. Pelo contrário, entre nós se discutiu indenizar os ex-senhores por terem "perdido sua propriedade" humana. Educação para os antigos cativos e seus filhos? Era algo que não se cogitava. Mas apesar disso — vejam nossas contradições, o que ainda torna o quadro mais perverso — os que conseguiram se educar, mesmo durante a vigência do regime escravocrata, tinham possibilidades de ascensão social. São muitos os negros e mestiços que, a duras penas e com muito sacrifício, se educaram e fizeram um nome em nossa história. Nem dá para enumerar, pois encheriam estas páginas. Basta citar escritores como Machado de Assis, Gonçalves Dias, Lima Barreto, músicos como José Maurício ou Carlos Gomes, artistas como o Aleijadinho ou Timóteo da Costa, engenheiros como André Rebouças, políticos como José do Patrocínio ou Nilo Peçanha.

Só conseguimos ter em sala de aula a quase totalidade de nossas crianças em idade escolar agora, no começo do século XXI. Em países como a Argentina e o Uruguai, essa foi uma conquista do século XIX e o analfabetismo não é mais problema há muito tempo.

Nossa primeira universidade foi criada no Governo Vargas, em 1932, ainda que antes houvesse algumas faculdades isoladas em alguns estados. A primeira universidade da América Espanhola foi criada poucos anos após o início da colônia, em Lima, no Peru, logo seguida por outras em outros países.

Ou seja, nossa defasagem é histórica. Nossa escala é assustadora. Não dá para esquecer isso. Mas por algum lugar se há de começar a mudar, e sem se contentar com menos. Cada vez mais estou convencida de que a maneira mais eficiente de agir sobre essa situação vergonhosa é investir no professor. Na sua formação. Na sua multiplicação, estando bem formados. Na sua remuneração justa, para atrair bons quadros para essa formação. Nos recursos didáticos à sua disposição. Sem professores nada se alcançará. Mas que sejam bons professores, preparados, à altura da tarefa de educar e do que merecem ganhar.

Escola boa e de graça

abril de 2012

Várias vezes já escrevi aqui a respeito de como me sinto devedora a meus professores. Mas, se não me engano, quase sempre falei neles de modo genérico. Sem destacar seus nomes. Só que hoje faço questão de homenagear um deles muito particularmente, porque é impossível abordar o assunto que vou tratar sem recordá-lo de modo especial.

É que ando com vontade de conversar com vocês sobre a escola pública. E não dá para falar nela sem trazer Anísio Teixeira à nossa conversa. Não que eu tivesse descoberto a importância do tema apenas quando fui sua aluna, já na faculdade, no distante e fatídico ano de 1964, em que um golpe de Estado derrubou o presidente e Anísio foi perseguido e punido pelo governo militar. Aliás, por causa disso, lembro da cena inesquecível de sua entrada no auditório onde ia dar aula logo depois de ser anunciada sua punição, quando acabara de perder o cargo que ocupava na instituição que fundara e dirigia havia 12 anos, o Inep (Instituto Nacional de Estudos e Pesquisas Educacionais). Assim que chegou, Anísio Teixeira foi recebido de pé por todos os alunos a aplaudi-lo sem parar. Ficou totalmente surpreso. Era um professor, sempre e apenas um professor, vindo encontrar sua classe mais uma vez como em tantos dias de sua vida e, evidentemente, não esperava aquela ovação. Vimos aquele homem pequenino então com pouco mais de sessenta anos, franzino, inconfundível cara de nordestino, de óculos de aros grossos, ficar emocionado a ponto de ter de enxugar os olhos e, com a voz embargada, não conseguir falar.

Como dizia, não foi com ele que aprendi a respeitar a escola pública. Como tantos de meus irmãos, eu tinha estudado nela. Chegara à faculdade após fazer o ensino médio no Colégio de Aplicação da UFRJ (então FNFi da UB). Sabia o quanto lhe devia. Mas nunca vi ninguém defendê-la sempre com tanto ardor e entusiasmo quanto Anísio Teixeira — talvez apenas Darcy Ribeiro e Florestan Fernandes. Afinal fora ele o grande impulsionador e animador da implantação da educação gratuita para todos em nosso país. Natural que brigasse por ela com unhas e dentes. Mesmo que os poderosos de plantão o castigassem — da ditadura de Getúlio Vargas à dos militares.

Gente como eles anda fazendo falta quando se pensa em educação no Brasil hoje. Não dá mais para aceitar com indiferença o sucateamento do ensino público entre nós. Não dá para engolir a anestesia geral em relação ao problema. Não dá para imaginar que alguém acredite realmente que algum dia será possível o país chegar a ser alguma coisa próxima do que sonhamos enquanto não tivermos a possibilidade de que toda e qualquer criança brasileira tenha uma excelente escola fundamental gratuita na vizinhança da sua casa, com professores bem formados e condignamente remunerados, de modo a poder se dedicar exclusivamente a sua turma, em um ambiente agradável, prédios confortáveis e bem equipados.

O país é grande? É. Isso custa? Custa. Tudo entre nós é gigantesco — inclusive a carga tributária que sustenta tudo isso, o dinheiro arrecadado de cada um de nós que não consegue ter em troca nem ao menos um sistema universal de ensino público de qualidade. Mas gastamos em tanta bobagem, em tanto burocrata que carimba papel ou pendura o paletó na cadeira e sai para intermináveis cafezinhos, em tantas boquinhas para cabos eleitorais e apaniguados, em tanta dificuldade artificialmente criada só para ser providencialmente facilitada em seguida... É uma questão de se ter clareza quanto às prioridades.

Por não gastarmos prioritariamente com o ensino fundamental público de excelente qualidade, acabamos gastando mais com o ensino universitário gratuito e as bolsas compensatórias, sempre na contramão da maior parte do mundo desenvolvido, que dá bom ensino básico de graça para todos e prefere cobrar pela formação superior. Para não falar dos gastos com o sistema penitenciário, a tentar correr atrás do prejuízo de quem na infância não teve escola boa de verdade e educação digna desse nome.

É verdade que Anísio Teixeira não se contentava apenas com isso. Propunha também uma verdadeira revolução pedagógica que ficou conhecida como Escola Nova, uma educação que preparasse o aluno para agir, pensar, ser mais feliz. Mas isso é conversa para outro dia.

Hoje eu quero só manifestar meu espanto diante do esquecimento desse fato tão simples, que já devia ter sido assimilado sem qualquer dúvida — não dá para se conformar com menos. Se fora da educação não há salvação, também é verdade que uma democracia não pode enganar a si mesma a esse respeito. Nela, toda criança deve ter igual oportunidade de ter à sua disposição, perto de casa, o melhor ensino, e gratuito. Os pais que desejarem dar um ensino diferente a seus filhos, do ponto de vista religioso ou filosófico, devem ter garantido seu direito de matriculá-los em escolas que reflitam esse ponto de vista específico. Mas essa escolha deve ser apenas um exercício de liberdade de opinião, não deve se basear na constatação de que o ensino particular seja melhor do que o público.

Uma democracia que não respeitar realmente esse direito está falha. E não pode ser algo que aceitemos passivamente sem reclamar.

Anísio Teixeira não aceitaria.

Quem se engana com a cigana

maio de 2012

Com a sabedoria dos grandes poetas, Carlos Drummond de Andrade nos revela, em *A procura da poesia*, que antes de virar verso "os poemas que esperam ser escritos" são palavras soltas, simples vocábulos, "sós e mudos, em estado de dicionário". Antes do uso, não são nada. Só depois de postos em ação, ao se combinar com outros, é que se realizam "com seu poder de palavra e seu poder de silêncio".

Mas alguém andou se esquecendo disso. E chegamos ao caso extremo de querer proibir uma informação científica: uma das acepções de um vocábulo de nosso idioma, no verbete *cigano*, do dicionário Houaiss. Mesmo se o verbete ressalvava que tal uso é pejorativo.

A grita foi geral, as informações foram desencontradas (Já foi tirado? Não foi tirado? Só na versão eletrônica?). Representantes da comunidade cigana se apressaram a explicar que o pedido não partiu deles, e que não se sentem incomodados com isso. Gramáticos, filólogos e lexicógrafos deram entrevistas reclamando do absurdo. Não vou aqui ficar chovendo no molhado. Quero só lembrar que professor tem à sua disposição recursos mais eficientes do que corte em dicionários para valorizar culturas diferentes.

Quando eu era bem pequena, meu pai às vezes brincava de me chamar de ciganinha. Nem sei por que, mas acho que principalmente por três motivos: eu era morena de tranças, chegada a argumentar e negociar, e tinha alma nômade (gostava de mudança, estava sempre disposta a interromper tudo o que fazia para levantar acampamento e ir passear ou viajar). Além do mais, Monteiro Lobato também chamava de *ciganinha* minha personagem favorita, a Emília. E eu adorava parecer com ela. Talvez por isso e pelo colorido tão alegre em meio a cordões, moedinhas e medalhas brilhantes, a fantasia de cigana sempre foi uma das minhas preferidas no carnaval. Tive algumas, em todas me senti bem. *Cigana* para mim vinha junto com *bonita*. E ainda evocava um ar de mistério que eu adorava.

Num tempo em que os objetos não eram descartáveis como hoje, as cozinhas guardavam coisas à espera dos ciganos. Na de minha avó, sempre havia uma panela com o cabo solto ou uma tampa amassada, separada para o dia em que passasse o funileiro cigano ou um grupo montasse uma tenda num terreno baldio. Então, íamos lá levar para conserto. Com sorte, víamos alguns cavalos. Um passeio fascinante.

Não é de admirar que os ciganos que encontrei nos livros fossem personagens atraentes. Não ia procurá-los de propósito, mas os valorizava sempre que esbarrava num deles entre as páginas do que eu fui lendo pela vida afora. Como a Esmeralda com sua cabrinha, dançando em frente à catedral em O *Corcunda de Notre Dame*. Ou a amiga de Leonardo Pataca em *Memórias de um Sargento de Milícias*. Ou um sujeito que salva a moça num conto de D. H. Lawrence. Ou Antonio Torres Heredia a caminho de uma tourada em Sevilha, belo e garboso, a jogar limões no Guadalquivir até que as águas ficassem douradas, num dos deslumbrantes poemas que o espanhol García Lorca nos deixou de presente em seu *Romanceiro cigano*. Ou o Quinca Cigano de que nos fala Rubem Braga em uma crônica, exímio fazedor de pios de madeira capazes de atrair qualquer passarinho, e a quem o cronista ao se sentir sozinho deseja encomendar um "pio de chamar mulher". E o maravilhoso Melquíades de *Cem anos de solidão*, um dos eixos da história.

Na música também, quantos ecos ciganos me encantam até hoje... Vindos da Europa Central em rapsódias de Liszt ou filtrados por Andaluzia. Ou os modernos e arrebatadores Gipsy Kings. Esse encantamento se refletiu na vontade de celebrar essa cultura tão antiga e misteriosa. Escrevi uma peça infantil, *As cartas não mentem jamais*, festejando os saberes deles, sua habilidade no trato dos metais, seu respeito à sabedoria dos mais velhos, sua mestria no domínio dos cavalos. Bartolomeu Campos de Queirós foi mais longe e, em seu livro *Ciganos*, contou como desejava ser um deles e sonhava em fugir de casa para segui-los. Também Sylvia Orthof e Elias José trouxeram para a criançada histórias dessa tradição que, literariamente, vem desde Gil Vicente.

Não falta material para que o professor apresente a seus alunos a cultura cigana de forma atraente e agradável. Não precisa, para isso, ir procurar a única linha pejorativa de um longo verbete em um imenso dicionário. Nem é assim que as pessoas aprendem sobre outros povos. O dicionário só vai servir para tirar dúvidas, quando se encontrar em algum texto uma palavra cujo sentido escapa. E aí, quanto mais ele conseguir explicar, melhor. Deixar na ignorância não é a solução. Nem para o dicionário nem para o professor.

Melhor pesquisar em conjunto sobre esse mundo. Ver como essa etnia tem sido perseguida pela história afora — os exemplos mais recentes, depois de Hitler, foram há pouco tempo, na Guerra da Bósnia, na Sérvia, no Kosovo.

Evitar palavras não elimina a realidade. Pelo contrário, há que buscar o que elas nos revelam e o conhecimento que elas nos trazem. Que ninguém se engane com *cigano*. Vale a pena conhecer mais, ler mais, ver filmes, ouvir músicas e procurar saber do que se trata. Muito além do dicionário — censurado ou não.

Descobrindo a pólvora

junho/julho de 2012

No noticiário recente, destaco dois assuntos que renderam comentários e tiveram repercussão. Do meu ponto de vista, eles se completam, ainda que os responsáveis pela edição de jornais não tenham procurado reuni-los. Na verdade, não chegam a ser novidade, mas precisam e merecem ser repetidos até que de algum jeito entrem na cabeça das pessoas e possam ter alguma consequência. Então, mesmo com o risco de que pareça uma forma de descobrir a pólvora, vale a pena insistir.

O primeiro deles foi a entrevista de um finlandês, alta autoridade educacional em seu país. Como a Finlândia tem sempre uma das colocações mais altas em qualquer teste internacional comparativo, desses que são usados para avaliação de resultados do sistema de ensino, é o caso de prestarmos atenção ao que ele diz. Fala a voz de uma experiência bem-sucedida. Quando lhe perguntam qual o segredo desse excelente desempenho em todas as disciplinas e de todos os pontos de vista, a resposta dele é de uma simplicidade de dar vergonha a quem perguntou. A explicação é elementar e clara: o professor é o elemento prioritário em todo o sistema.

Em seguida, passa a detalhar. Conta que na Finlândia todo professor tem formação exigente e sólida. Mesmo para as primeiras séries da pré-escola e do ensino fundamental, exige-se formação superior para o magistério. No orçamento das escolas, o primeiro item a ser atendido, sem qualquer corte, é a remuneração digna para os professores. Só depois é que vêm o próprio prédio, a biblioteca, o laboratório, o equipamento, os computadores, as quadras esportivas, o auditório, os espaços de recreação, o transporte escolar.

Uma sociedade que tem essa clareza e filosofia está sinalizando, sem qualquer dúvida, que respeita o magistério. Anuncia que essa é uma profissão de prestígio social. Em consequência, não faltam professores.

O especialista conta ainda que um dos sonhos profissionais mais frequentes entre os adolescentes é estudar para um dia poder dar aulas. Um projeto consistente, na hora certa, apoiado e incentivado socialmente. Muito além daquele simples "brincar de escola" que tantas vezes domina a infância, quando a criança enfileira bonecos sentadinhos diante de si e repete para os brinquedos o comportamento que vive no seu cotidiano escolar, vivenciando o desejo de um dia ser como aquele adulto que ama e admira.

Não é surpreendente, portanto, que esses professores sejam bem preparados. Nem que os resultados desse preparo — e da tranquilidade garantida pela remuneração justa — se reflitam no bom desempenho dos alunos.

O outro assunto foi o estabelecimento do piso salarial para o magistério no Brasil, uma velha reivindicação de todo o setor. É absolutamente inacreditável que até agora não existisse. Mais inacreditável ainda foi que no dia seguinte já havia prefeitos e governadores reclamando contra a medida. Um deles, aliás, é ex-ministro da Educação, e de um partido que se diz defensor dos trabalhadores. De estarrecer.

Pode-se até fazer um esforço para compreender as dificuldades orçamentárias de quem de repente se vê forçado a fazer pagamentos não previstos, sem que lhe sejam apontadas as fontes de onde devem vir os recursos. Pode-se mesmo entender que há casos em que o dinheiro nos cofres não dá para cobrir todas as despesas necessárias. Mas quando se considera que determinado compromisso tem de ser prioritário, é esse o que deverá ser atendido, enquanto outros ficam em segundo plano. Neste caso específico, se de todo for matematicamente impossível assumir esse compromisso, a reivindicação de prefeitos e governadores não deveria ser a revogação do piso salarial, mas a colaboração do Governo Federal para que ele possa ser plenamente cumprido, enquanto se buscam outros cortes no próprio orçamento.

Querem sugestões? Qualquer um de nós seria capaz de listar infindáveis exemplos de carros oficiais supérfluos, viagens desnecessárias para funcionários indo de um lado para outro em atividades marqueteiras, publicidade governamental caríssima e injustificada em horário nobre na televisão ou páginas nobres na imprensa, e mais um rol infinito de benesses que custam muito dinheiro. Com toda certeza, os cidadãos preferem que seus impostos sejam destinados à formação de bons professores e a sua remuneração digna.

Neste ano de eleições municipais — justamente a esfera a que está entregue o ensino fundamental — esse tema tem de vir ao primeiro plano e ser discutido em todas as oportunidades. Os eleitores têm de exigir dos candidatos compromissos firmes e claros nesse sentido — e depois a opinião pública precisa cobrar. Os professores têm de se mobilizar para isso, de uma forma mais eficaz para ganhar apoio a sua reivindicação do que as eventuais greves prolongadas que às vezes fazem e, ao prejudicar os alunos e as famílias, afastam de sua causa a simpatia e a solidariedade naturais com que contariam se soubessem ganhá-las.

Nada disso é novidade. Mas às vezes a realidade insiste em nos mostrar que ainda é preciso descobrir a pólvora.

Alegrias e vergonhas

agosto de 2012

Recentemente, o IBGE divulgou os resultados do Censo de 2010. Com alegria o país constatou que certas coisas melhoraram. Os índices de mortalidade infantil, por exemplo. A desigualdade foi um pouco reduzida. A renda média do brasileiro subiu. O número de estudantes que chegam à universidade dobrou em dez anos. Além disso, um dado animador dá vontade de festejar: o regresso dos migrantes. Muita gente que havia saído de sua terra para tentar a sorte em outras regiões começou a voltar para casa diante da melhora econômica em seu lugar de origem.

Nada disso é por acaso. É o resultado dos esforços de sucessivos governos. Desde o Plano Real na gestão Itamar Franco, passando pelas medidas de estabilização da economia do governo FHC, incluindo saneamento dos bancos, Lei de Responsabilidade Fiscal, Proer e ajuste fiscal, prolongando-se no respeito do governo Lula a essa política que lhe permitiu implantar programas de distribuição de renda e cuidar do social. Colhemos os frutos de termos tido juízo nessa área por 20 anos.

Em compensação, o mesmo censo mostra que 45% da população não completa o ensino fundamental. E só 35% completa o médio. Não há como não sentir vergonha. E solidariedade com essa gente, abandonada e tolhida em suas possibilidades de crescimento.

Claro, é preciso colocar os dados em perspectiva. Há desigualdades regionais. E a escala do desafio era tamanha que esse quadro vergonhoso também esconde uma melhora. Apenas há pouco mais de 15 anos é que conseguimos garantir vagas iniciais do ensino fundamental para quase todos os brasileirinhos em idade escolar. Na verdade, cerca de 98% deles. Antes da estabilização da moeda, quase a metade das crianças não conseguia nem entrar na escola — quanto mais completar o fundamental. Temos motivo de alegria pelo que se progrediu. Melhorou, sem dúvida. Mas devagar demais para o meu gosto.

Só quantidade não significa muito coisa. É preciso também ver a qualidade desse ensino. E todos sabemos que, predominantemente, é muito baixa. Em poucos anos, teremos uma enorme quantidade de gente que foi à escola, concluiu o ensino fundamental, mas tem uma escolaridade de tão baixo nível que não consegue atender às necessidades da sociedade e do mercado de trabalho em que será lançada. Pensa que está preparada e constata que não está. Perdeu anos de vida, muitas vezes com enorme esforço e sacrifício pessoal e familiar, acreditando num ensino que lhe mentia. Nas tristes palavras de Darcy Ribeiro, nunca excessivamente lembradas, vítimas de um sistema em que "o professor finge que ensina e o aluno finge que aprende".

Todos conhecemos e nem vale a pena repetir (mas é impossível esquecer) os elementos do círculo vicioso. O professor é despreparado e mal pago, o Estado não lhe garante uma boa formação, ele não pode se preparar melhor porque não lhe dão essa chance e não lhe sobra tempo algum para ler e estudar porque precisa trabalhar em vários lugares para garantir sua sobrevivência. Não tem condições de se aprimorar permanentemente, como lhe exigiria a profissão. E os currículos são desligados da realidade, as instalações são precárias, a burocracia pesa, as horas de aula são poucas.

Mas num ano de eleições municipais, vale a pena recordar algumas coisas simples. O ensino fundamental está na esfera da responsabilidade municipal. Está na hora de cobrar de candidatos um comprometimento inequívoco, objetivo e público com a qualidade da escola pública em cada município. Isso tem de ser prioridade absoluta. Não dá para reeleger quem já mostrou que não fez nada nessa área. Nem para eleger quem não demonstra ter clareza sobre a importância fundamental de medidas concretas nesse terreno. Não adianta dizer que não dá para pagar piso salarial de professor, por exemplo. Agora é lei, não há mais o que discutir. Tem é que alocar os recursos necessários, ir buscá-los em outra instância ou cortar gastos de outro tipo, sobretudo de custeio. Não pode é ficar reclamando e fazendo pressão para não cumprir a lei, feito um governador sulista, ex-ministro da Educação, de um partido que se diz dos trabalhadores (imaginem se não fosse), e que fica dando entrevista contra o piso do magistério. Não é candidato agora, apenas um exemplo notório. Quem defende posições indefensáveis tem de deixar o eleitor de orelha em pé. Que se parta do princípio de que uma remuneração condigna para quem ensina é justa e imprescindível (além de obrigação legal) e se trate de ir buscar os recursos onde for possível. Quem não se comprometer com a qualidade do ensino de maneira concreta não merece ser votado.

E que os eleitores pensem antes de votar, examinem bem os candidatos, não compactuem com o que anda acontecendo por aí e se reflete nessa lentidão em melhorar nossa educação, nessa falta de vontade geral em atacar o problema de frente e com decisão. A soma de nossos votos é que pode ajudar a reduzir essa vergonha e construir alegrias. Cada um em seu cantinho, conversando com os amigos a cada oportunidade, ouvindo, se informando, tentando convencer mais gente.

Mistério sem segredo

setembro de 2012

Se você já me acompanha, poderá achar que estou me repetindo. Desculpe. Se me repito, não é para comprovar o que eu vinha dizendo, nem por qualquer impulso de me gabar com um "Eu não disse?".

Mas é que me senti menos isolada em meus palpites, quando vi os resultados de uma investigação feita pelos repórteres Chico Otávio, Letícia Lins e Carolina Benevides, em vários pontos do país, para uma série de reportagens publicadas recentemente na imprensa carioca. Uma ótima ideia, muito bem desenvolvida. Algo que só foi viável porque o governo entendeu que avaliar a qualidade do ensino é fundamental. E a divulgação dos resultados pode ser uma ferramenta útil para se pensar, a partir de um retrato do desempenho de suas mais de 40.000 escolas públicas. Assim, economistas da Fundação Lemann puderam calcular um indicador de pobreza desses estabelecimentos. E foi possível identificar 82 escolas que, mesmo estando entre as mais pobres do país, conseguem obter ou ultrapassar na avaliação do MEC um Ideb 6,0 — índice de excelência, característico dos países mais avançados.

Qual o segredo do mistério?

Não é por acaso. Os técnicos que estudaram esses casos constataram que, em todos eles, esse bom resultado é fruto de uma determinação conjunta de diretores e professores, atentos a não deixar para trás nenhum aluno. Ou seja, começa com uma boa gestão. Acompanha-se de espírito de equipe, avaliação contínua, atenção individualizada, reforço a quem estiver faltando ou enfrentando dificuldades. Se necessário, no contraturno, quase chegando a um projeto pedagógico de tempo integral. Muitas vezes, recrutando auxiliares entre os alunos mais bagunceiros, que passam a se envolver com o processo. A observação de cada caso começa na própria hora da matrícula, quando se nota que um pai assina com a digital em vez de escrever o nome. Se for o caso, a escola vai buscar o aluno em casa.

E passa a envolver a família no aprendizado, abrindo canais de diálogo. Alguns dos colégios chegam a oferecer cursos de alfabetização para os pais.

Numa dessas escolas, no Amazonas, a mudança foi assombrosa, pela intensidade e rapidez, após o desafio lançado pela coordenadora regional de Educação numa reunião tempestuosa que provocou raiva e revolta nos professores, mas motivou toda a equipe a provar do que era capaz. Em quatro anos, saiu de um Ideb de 2,7 em 2005 para um de 8,7 em 2009. E em 2010 os índices de reprovação e evasão escolar foram de 0%. Para orgulho geral de alunos, pais — e, sobretudo, mestres.

Outra constatação importante revela que fenômenos desse tipo não precisam ser vistos apenas como casos isolados. Podem se dar em rede. É o caso de Sobral, no sertão do Ceará. Lá se concentra um terço dessas escolas de excelência em área de nível de pobreza alto (algumas delas, rurais, onde só se chega em lombo de burro) e que foram identificadas no levantamento da Fundação Lemann. Lá, quem zerou o índice de evasão escolar foi o município como um todo. Com isso, e um trabalho de alfabetização na idade certa apoiado pelo Instituto Alfa e Beto, caiu de 48% para 3% a porcentagem de crianças que ainda não sabem ler e escrever no terceiro ano do fundamental. Essas escolas são simples, só têm laboratório de informática, mas dispõem de livros, material didático e equipes entrosadas, com professores preparados. E contam com a ajuda de um serviço que, com dois funcionários, vai de moto à casa dos faltosos "resgatar" quem não apareceu para as aulas. Se for preciso, depois vai coordenador e até diretor para ajudar a trazer o aluno.

Mas professor também não pode ficar faltando às aulas. Mais que isso, pelo menos uma vez por mês tem de passar pela Escola de Formação Permanente, que comemora 1.500 atendimentos por mês. Tem, porém, um incentivo concreto para isso, além da satisfação de estar vendo os resultados no aprendizado dos alunos, alegria intensa que só quem dá aulas é capaz de apreciar plenamente. Um sistema de avaliações interna e externa e de monitoramento para cumprimento de metas permite saber o que está acontecendo, mediante indicadores de todos os alunos, professores e escolas. Isso viabiliza prêmios financeiros mensais aos professores das melhores turmas, que forem superiores à média do município. Independente do fato de que os professores normalmente têm reajuste 5% mais alto que as outras categorias, em uma remuneração já mais alta do que a do piso nacional.

Em outros exemplos, como em Teresina, os alunos, além de serem avaliados, avaliam os professores a cada 15 dias. Recebem o planejamento no início do ano e sabem quando ele não está sendo cumprido.

Essas experiências tornam evidente que quando os alunos fracassam em massa a culpa não é deles — é a escola que está fracassando, ao não entregar o que promete e tem obrigação de dar. Porque é um direito dos cidadãos, garantido pela constituição. E porque é para isso que ela é mantida pelos impostos dos contribuintes. Por mais adversas que sejam as condições, não podem ser uma desculpa para se achar que é natural a criança passar anos em sala de aula e não aprender.

É possível melhorar, e muito. Há anos, empresas variadas, e ONGs que atuam na área da educação (como o Cedac), vêm comprovando a importância da gestão. O Unicef não cansa de repetir a mesma coisa. Estou em boa companhia quando me repito, então. O segredo do mistério é esse conjunto de atitudes e iniciativas, a partir de uma gestão capaz. Dá certo. A questão toda é conseguir multiplicá-lo para que se aplique a todas as escolas e beneficie todos os brasileirinhos.

Esporte: um desafio para a escola

outubro de 2012

Encerrados os Jogos Olímpicos de Londres, todo mundo já se prepara para acolher os próximos no Rio de Janeiro, em 2016. O entusiasmo da garotada que acompanhou a competição ainda reverbera e a motivação é intensa. Boa oportunidade para a escola aproveitar e canalizar esse interesse esportivo que deve durar e crescer nos próximos anos, ainda mais considerando que em 2014 o Brasil vai também receber equipes do mundo todo para a disputa da Copa do Mundo de Futebol.

É claro que fatores desse tipo irão contribuir, e muito, para o aumento do foco nos esportes e na educação física em geral. Mas a escola pode se valer dessa chance para ir muito além do corpo e se ocupar também da mente. *"Mens sana in corpore sano"*, diziam os romanos ao acentuar como um corpo sadio colabora para uma mente saudável. Os dois aspectos se completam. E o ensino brasileiro agora pode tirar partido disso.

Pode começar, por exemplo, nas aulas de língua, lembrando que nosso português se originou justamente desse latim em que essa expressão foi cunhada. Latim era a língua do Lácio (ou Lazio), não apenas um time que disputa o campeonato italiano, mas a região da Itália onde fica Roma, a influente capital do Império Romano, tão poderoso na Antiguidade e responsável por trazer ao Ocidente a cultura grega. Aliás, pode-se começar toda essa evocação em sala de aula por um grande mergulho na mitologia grega e nas histórias dos deuses que habitavam o Olimpo, a quem os jogos na cidade de Olímpia eram consagrados. A literatura infantil brasileira tem vários livros divertidos e excelentes sobre eles. Antes de mais nada, alguns de Monteiro Lobato, como *Reinações de Narizinho*, em que uma viagem ao país das fábulas culmina com a presença do fabulista Esopo, ou *O Minotauro*, em que a turminha do Sítio do Picapau Amarelo visita a Grécia de Péricles, ou ainda *Os doze trabalhos de Hércules*. Dos autores contemporâneos, destaque para Lia

Neiva (*Entre deuses e monstros*) e Flávia Lins e Silva (*As peripécias de Pilar na Grécia*).

E estamos cheios de palavras de origem grega, também. Muita coisa interessante para explorar nas aulas de linguagem, a começar pelos prefixos de numerais, como, por exemplo, os de palavras como pentacampeonato ou pentatlo e triatlo. E tanta coisa mais, de autódromo a pódio.

Por falar em números, além de nossa geometria toda descender diretamente de Euclides e Pitágoras, cheia de teoremas que remontam às descobertas gregas, muitas operações matemáticas fascinantes podem se esconder entre os dados relativos aos jogos. E não apenas estatísticas sobre a história da competição. Mas dá para comparar performances e mostrar o que é média ponderada, atribuindo pesos diferentes às medalhas de ouro, prata ou bronze. Ou calcular a velocidade horária de diferentes corredores da maratona. Ou relacionar a população de um país com o número de medalhas que conquistou para descobrir quantos habitantes foram agraciados com cada uma delas. Ou imaginar o que representam os treinos — quantas vezes um atleta vai do Rio a São Paulo quando se prepara para uma competição, se corre tantas horas por dia a certa velocidade ou se percorre determinada distância em cada treino, ou coisas no gênero.

É claro que as aulas de ciências podem focalizar um estudo do corpo humano, seus músculos, o sistema respiratório e circulatório, a partir de um exame de desempenhos esportivos. Ou examinar como as leis da física se manifestam e são desafiadas nas diferentes modalidades. A geografia pode se aliar a pesquisas sobre os países concorrentes. E a história pode trazer uma compreensão rica e fértil sobre outros povos e outros tempos, entendendo o que os Jogos Olímpicos representavam no mundo da Antiguidade clássica. E nem há dúvidas de que as aulas de educação física ganharão durante toda essa temporada, com a extraordinária motivação dos alunos.

Muito além de tudo isso, porém, o esporte traz uma excelente oportunidade para uma ênfase em valores essenciais à vida em sociedade e que nem sempre a escola atual tem facilidade de abordar. Em termos pessoais, a reiteração do lema olímpico de que "o importante é competir" e não apenas subir ao pódio se soma ao respeito às diferenças de cada um. Vale lembrar que todos estão igualmente dando o melhor. Não é preciso ser campeão para entender que esforço, determinação, espírito de luta, superação, tenacidade, disciplina, clareza de objetivos, concentração são formas admiráveis de enfrentar os limites da espécie humana. Buscar cada item desses em nós mesmos nos torna mais capazes de respeitá-los nos outros e não medir as pessoas apenas pelos resultados.

E há ainda os valores sociais. Nessa área, os ensinamentos do esporte são insuperáveis e cabe a um bom professor acentuar sua importância. Os jogos só funcionam porque neles há regras que valem para todos, sem distinção. Não pode haver exceção — nem para a bonitinha, nem para o queridinho da professora, nem para o coitadinho, o fortão abusado, o time da casa ou o de torcida mais briguenta. Sem essa igualdade, fica impossível sua existência. Uma aula de democracia e cidadania.

Mas como as pessoas são diferentes, para compensar essas variações é preciso dar atenção às peculiaridades de cada um. Um bom ginasta pode não ser um bom pivô no basquete. Essa atenção a cada indivíduo é outra coisa que o esporte obriga a desenvolver. E a democracia exige que todos, em suas diferenças, possam ter as mesmas oportunidades iniciais ou mecanismos compensatórios que habilitem a superar dificuldades no processo de preparação. Um desafio sob medida para a escola. Está diante de nós.

Contra o veneno da mente

novembro de 2012

Há alguns anos, uma campanha publicitária provocou grande reação do público e foi retirada do ar, por recomendação dos próprios profissionais da área e pelo anunciante. Talvez você lembre. Um comercial mostrava uma garota a exibir suas sandálias plásticas, moderninhas e coloridas, repetindo o *slogan*: "Eu tenho, você não tem...". Evidentemente, desejava despertar outra reação nas crianças: "Você tem, eu quero". Mexia com algo delicadíssimo, ao futucar a dolorosa ferida da desigualdade econômica de nossa sociedade injusta, pretendendo transformar frustração em consumo. Uma ferida que precisa ser sanada, mas jamais será combatida por esse caminho.

Há exatos 20 anos, outra série publicitária me desestruturava por completo e me fazia chorar cada vez que eu via os comerciais começarem, embora estivesse totalmente solidária com o produto que anunciavam. Era o lançamento de uma campanha para angariar fundos destinados à pesquisa sobre uma doença contra a qual eu estava então travando uma luta pessoal: *"O câncer de mama no alvo da moda"*. Modelos, atrizes, mulheres lindas e glamurosas se sucediam na tevê, vestindo uma camiseta em que havia um alvo estampado. Puxavam a malha da camiseta para a frente e, em tom de desafio, encaravam a câmera e repetiam o *slogan*, tentando incitar coragem e pedir apoio, a fazer gracinha com a ambiguidade da língua: "Eu tenho peito. E você?". Como eu não tinha mais, literalmente, não achava graça nenhuma. Recém-saída de uma cirurgia radical e mutiladora, careca, nauseada, passando por dez meses de quimioterapia violenta num processo doloroso, mas eficaz (tanto que estou contando isto aqui duas décadas mais tarde), eu via as imagens se sucederem como uma agressão repetida várias vezes ao dia. E não servia para nada eu ter raiva de ninguém — nem das belas mulheres com peito nem dos responsáveis pela campanha. Nem adiantava fazer como a garotinha do anúncio das sandálias e insistir com a mamãe para comprar igual para mim. Não havia peito sadio à venda nem volta ao passado de antes da doença. E na verdade, no meu caso, nem mesmo havia mais mamãe. O jeito era enxugar as lágrimas e seguir em frente, tratando de fazer tudo ao meu alcance para melhorar.

Tive de aprender sozinha que, se a injustiça e a iniquidade são intoleráveis e precisam ser combatidas sem trégua, também é verdade que há um outro aspecto que acompanha nossa vida: certas desigualdades são inevitáveis. Fazem parte da realidade, não são culpa de ninguém. Mais que isso, em seu conjunto acabam formando algo comovente e riquíssimo: a maravilhosa diversidade humana. Temos todos os mesmos direitos, inclusive o da igualdade de oportunidades, que a sociedade nos deve e não podemos esquecer jamais. Mas não custa nada lembrar também que não somos iguais — porque somos diferentes. Simples assim. Essa consciência só deve nos fazer respeitar uns aos outros, com a individualidade de cada um.

Entender isso faz parte do processo de educação. A escola precisa estar atenta para lidar com a questão de forma equilibrada e justa para com os diversos aspectos dessas diferenças. Numa sociedade que agora tende a insuflar mágoas e explorar ressentimentos de forma acentuada, por vezes isso pode ficar muito difícil. Mas a consciência de um educador alerta pode desempenhar um papel importante na transmissão de valores, buscando equilibrar e hierarquizar as coisas.

Recentemente, um artigo do doutor Hermano Roberto Thiry-Cherques, na *Revista da ESPM* (Escola Superior de Propaganda e Marketing), chamou a atenção para o assunto, lembrando vários filósofos contemporâneos preocupados com a questão. Um dos aspectos, que nos interessa mais de perto e se manifesta no cotidiano da sala de aula, é justamente o do ressentimento.

Sentir com o outro, ser solidário, conseguir se colocar no lugar de alguém e conhecer o sentimento alheio é um fator importante na coesão social e na construção da moral. A emoção solidária faz compreender. A sabedoria dos grandes princípios éticos básicos sempre nos ensinou (embora nem sempre tenhamos aprendido) a não fazer aos outros o que não queremos que nos façam. Isso passa por entender a diferença por dentro, com benevolência. Prepara a tolerância.

Para esses filósofos, reprimir sistematicamente esse processo de aproximação com o outro, feito de emoções e afetos que permitem sentir junto, está na origem do ressentimento, quando cada um fica repetidamente sentindo apenas sua própria individualidade como absoluta. Classificam o ressentimento de "autoenvenenamento da mente" que, intoxicada por essa distorção emocional, tende a delírios constantes e neles fundamenta seus juízos e opiniões. Afirmam que ressentimento dá raiva, vontade de vingança, ódio, maldade, inveja, impulso para diminuir e ultrajar os outros.

Em tempos de patrulhas politicamente corretas e desqualificação pessoal de quem tem opiniões divergentes, é obrigação da escola refletir no sentido de que se impeça a instalação desse mecanismo. E dentro dela, dos professores.

Se eu fosse você

dezembro de 2012/janeiro de 2013

A gente está sempre aprendendo com os outros. Eu achava que tinha lido com bastante atenção o livro *Retratos da leitura no Brasil 3*, organizado por Zoara Failla para o Instituto Pró-Livro, com o resultado da pesquisa que eles desenvolvem pela terceira vez. Mas são tantas informações, que algumas acabam passando despercebidas. Foi preciso ler um artigo no *Jornal da ABI* para me dar conta de um dado estarrecedor que a pesquisa revela: só 2% dos professores brasileiros leem no seu tempo de lazer. E, mesmo assim, nem sempre literatura.

Então, hoje me dirijo aos outros 98% que não desconfiam do que estão perdendo — a gostosura que pode ser um livro de literatura. Algo que, embora tenha mil e uma utilidades, vai muito além do simples ato utilitário e se define pela pura delícia.

Para começo de conversa, vamos acertar algumas coisas. Não é preciso se sentir cobrado. Ninguém tem culpa de não ter desenvolvido intimidade com os livros ou descoberto a leitura. O Brasil, como um todo, só está despertando para isso agora. Então, não se sinta culpado por não ter experimentado ainda, seja por insegurança ou por falta de oportunidade ou de exemplo. Sempre é hora de começar. Mas não fique achando que não gosta de ler. Pessoalmente, acho que isso não existe. O que existe é quem ainda não descobriu que pode gostar.

Costumo dizer que ler é como namorar: quem acha que não gosta é porque ainda não descobriu o parceiro que lhe dá prazer. Desista daquele que não satisfaz e saia em busca de outro, até encontrar. Então, procure até achar o tipo de livro de que gosta, o autor com quem tem mais afinidade, a história que lhe atrai, o poema que toca de modo especial. Entre numa livraria, folheie alguns, leia as orelhas e quartas capas, permita-se sentir o chamado de algum livro. E não caia no autoengano de dizer que não lê porque livro é caro. Já experimentou ir a uma biblioteca explorar um pouco? Hoje a maioria dos municípios brasileiros tem bibliotecas, muitas escolas também. Lá, livro é de graça. Você leva para casa e lê à vontade.

E ler literatura é incomparável. Uma oportunidade de vivenciar algo único: a alteridade. Quer dizer, ser outro, continuando a ser o mesmo.

Deixemos a poesia para outra conversa. Hoje vou falar um pouco sobre a leitura de prosa. Dependendo do fôlego de cada um, ou da vontade naquele dia, pode ser um encontro com diferentes gêneros: romance, conto, crônica. E em cada um deles, podemos ter ofertas infinitas, num cardápio inesgotável. Romances de amor, de aventuras policiais, psicológicos, de costumes, experimentais. Crônicas realistas, cômicas, líricas. Não importa. Todos nos permitem ser alguém diferente enquanto estamos lendo. Os muito bons nos transformam por dentro, ficam conosco depois e trazem essa experiência para nosso íntimo para sempre. Mas todos nos propiciam essa chance de entrar na pele de um personagem, conhecer suas circunstâncias tão diversas das nossas, tentar entender o meio em que se move, as emoções que sente, as ideias que lhe povoam a mente. Em suma, viver outra vida. Essa é uma experiência libertadora que, embora também oferecida por filmes e novelas, nunca é tão plena como num livro, em que os detalhes concretos variam com a imaginação de cada leitor, o todo-poderoso cúmplice do autor na criação.

Recentemente fez muito sucesso um filme brasileiro chamado *Se eu fosse você*, que teve até uma continuação com o mesmo nome. Muito divertido, explora a ideia de outro, baseado num livro chamado *Que sexta-feira mais pirada!* (editado no Brasil pela Ática). Em ambos, os personagens trocam de papéis, fica a identidade de um no corpo de outro. No primeiro caso, o marido no corpo da mulher e vice-versa. No segundo, a troca se dá entre mãe e filha. Ao final, cada um adquiriu uma compreensão incrível e riquíssima sobre a vida do outro.

A leitura de uma obra de ficção faz exatamente isso, ainda que não de forma literal como nesses filmes. Derruba as barreiras que se erguem entre indivíduos fechados em si mesmos, faz compreender as diferenças que existem debaixo das semelhanças entre as pessoas e mostra a igualdade sob a diversidade. Mais que isso: desestabiliza a ilusão de centralidade de cada um, já que no fundo todo indivíduo tende a se ver meio como o centro do mundo. A ficção obriga a aceitar o outro. Corrói o autoengano de que a identidade do leitor é a única possível. Afasta a tentação do autocentramento das referências pessoais. É uma experiência imaginária que reorganiza o mundo e a consciência do leitor.

Nunca entendi férias sem a companhia de alguns livros bem escolhidos. Para ler no avião, no ônibus, na praia, no banco do parque, na rede, na cama, no aeroporto. Onde a vida me levar nessa hora. De qualquer modo, não estarei apenas ali. Mas também aonde o livro me levar, viajando pela linguagem, mergulhando em mim mesma, descobrindo os outros. As possibilidades são infinitas. Não perco por nada.

Se eu fosse você, experimentava.

A poesia é necessária

fevereiro de 2013

Tive a sorte de ser adolescente num tempo de ouro para uma iniciação natural à literatura, tanto a prosa como a poesia. Não só porque havia antologias escolares que incluíam trechos e poemas dos autores clássicos, e os professores eram preparados para lidar com eles. Mas também porque era o apogeu de uma geração de cronistas maravilhosos na imprensa, com plena liberdade de escrever sobre o que lhes ocorresse, sem pautas predeterminadas. Os jornais e revistas simplesmente lhes davam o espaço e deixavam que improvisassem. E o talento de Rubem Braga, Fernando Sabino, Paulo Mendes Campos, Henrique Pongetti, Sergio Porto, José Carlos Oliveira, Clarice Lispector, Carlos Drummond de Andrade e outros, afiadíssimos, a cada dia presenteava os leitores com textos de primeira qualidade.

Como se não bastasse, o mestre de todos os cronistas, Rubem Braga, ainda dispunha de outro espaço semanal que dedicava a textos alheios, cuidadosamente escolhidos por ele. Chamava-se "A Poesia é necessária". Trazia a cada vez um poema de autor diferente, consagrado ou desconhecido.

Quando comecei a dar aulas, muitas vezes aproveitei esse material excelente para compartilhar com os alunos o entusiasmo apaixonado que esses escritores me despertavam e os caminhos de descobertas literárias excelentes, que nos acompanhariam para sempre.

Neste ano de 2013, o Brasil vai comemorar o centenário de nascimento de Rubem Braga. Excelente ocasião para demonstrar que suas qualidades continuam vivas, capazes de atrair leitores de variadas idades. Mas também um bom pretexto para que eu reitere publicamente que continuo concordando com ele, e reafirmo que a poesia é, sim, necessária.

Tão necessária ela é, que surge espontaneamente em todas as culturas e indivíduos, como a garantir que, sem ela, seríamos incompletos. As manifestações literárias dos mais diferentes povos, mesmo ainda antes da escrita, se fizeram por poesia — seja nos versos épicos a fixar a História de uma nação e os feitos de seus heróis, seja no lirismo com que a humanidade sentiu necessidade de celebrar o amor e as belezas da natureza, seja na busca filosófica de apreender e expressar questões que nos transcendem e não podem ser dominadas apenas por formulações racionais e científicas.

Também no plano individual, é por meio da poesia que cada criança entra em contato com um uso do idioma que vai além da mera indicação do que está acontecendo. É graças ao ritmo e às rimas das parlendas que a tradição literária se chega aos pequeninos e com eles brinca de "Bam balalãao", "Dandá pra ganhar tentém", "Palminha, palminha pra quando papai chegar", "Dedo mindinho, seu vizinho" e tantas outras fórmulas encantatórias de exploração do mundo que começam pelo próprio corpo e pelas pessoas da família e vão aos poucos se abrindo para o universo — como em "Sol e chuva, casamento de viúva" ou "Primeira estrelinha que vejo, dai-me tudo que desejo".

É natural que assim ocorra. Antes da palavra escrita, a literatura precisava ser guardada na memória. Os sons repetidos, os refrões, a métrica regular, as rimas, tudo isso ajudava a fixar na lembrança. Por isso os poemas de Homero ou as gestas medievais se apoiaram na música de cítara, lira ou alaúde para sobreviver. Por isso as cantigas infantis foram passando de geração em geração.

Mas nem só de ritmo vive a poesia. Um escrito pode ser rimado e sem graça, incapaz de transmitir aquela centelha de maravilhamento que caracteriza a poesia. Mais importante é o lampejo da percepção de algo inesperado, que mostra o mundo por meio de uma imagem surpreendente. E uma arrumação das palavras que consiga transmitir esse relâmpago. Quando Garcia Lorca descreve um pandeiro, por exemplo, dizendo "Sua lua de pergaminho / Preciosa vem tocando". Ou quando Jorge de Lima afirma que "Há sempre um copo de mar para um homem navegar". Ou Manuel Bandeira conclui que o porquinho-da-índia foi sua primeira namorada. Ou João Cabral de Melo Neto afirma que o nascimento de um menino é belo "como o caderno novo quando a gente o principia". Ou Paulo Mendes Campos resume "Sou restos de um menino que passou". Ou Carlos Drummond de Andrade constata "Mas as coisas findas, muito mais que lindas, essas ficarão". E elas findam, como ensina Vinicius de Moraes, "de repente, não mais que de repente". E "os anos não trazem mais", afirma Casimiro de Abreu, e Olavo Bilac fala em "ouvir estrelas", Gonçalves Dias garante "Meninos, eu vi", Castro Alves ecoa a África a desafiar Deus: "Há dois mil anos te mandei meu grito, / que embalde desde então corre o infinito… / onde estás, senhor Deus?".

Fui citando versos assim, anarquicamente, na maior desordem, como me foram aflorando à memória, brotando de um depósito que a escola me ajudou a construir e que fui enriquecendo pela vida afora. Centelhas de um repertório que ficou das leituras. E que desejo que cada aluno brasileiro possa continuar a ter pela vida afora, graças a bons professores. Pois a poesia, sempre, é necessária.

Cantar e aprender

março de 2013

Sabemos que as crianças têm contato com formas tradicionais de literatura oral desde muito cedo, mesmo se às vezes nem parece. Quando ouvem histórias ou aprendem parlendas estão se inserindo numa linha em que narrativas e pequenos poemas populares, anônimos e coletivos, vão passando de um lugar e um tempo para outro. Um revezamento em que cada geração entrega o bastão à seguinte. Contos de fadas, por exemplo, têm origens muito longínquas. Há uma versão chinesa de Cinderela de séculos atrás — o que ajuda a explicar a valorização dos pés pequeninos nesse conto. Outra igualmente remota foi encontrada no Egito Antigo, sem que se saiba qual influenciou a outra. Em quantos países e há quanto tempo a humanidade conta essas histórias...

Algo semelhante ocorre com as canções infantis, acalantos, cantigas de roda. Por vezes, pouco muda a melodia de um lugar para outro. Em outros casos, são notas e escalas bem diferentes, em ritmos diversos, que tratam do mesmo tema, numa prova de que adultos sempre cantaram para ninar crianças. Ou brincaram com elas, bem novinhas, ensinando a bater palmas, celebrando os primeiros passos, fazendo jogos com os nomes de partes do corpo, facilitando o aprendizado dos primeiros números, imitando sons de animais. A música embalava esses momentos de aconchego e afetividade.

Recentemente essa função foi delegada às máquinas. Na sociedade de comunicação de massas, geralmente os repertórios musicais transmitidos chegam às crianças por meio de aparelhos que dependem de energia elétrica. E tendem a seguir a moda do momento, segundo campanhas de marketing com o objetivo de lançar um produto ou artista e fazê-lo vender mais.

A escola deve estar atenta a essa mudança. Além da construção do conhecimento, uma das funções da educação é a transmissão da cultura das gerações anteriores. Na verdade, essa é uma tarefa de toda a sociedade, a começar pelas famílias. Mas o ensino institucionalizado não pode deixar em segundo plano esse papel.

No caso da música, a legislação recente busca incluí-la no cotidiano dos colégios. Formam-se novos professores para isso. Se forem bons, ajudarão a despertar a musicalidade do aluno e, se não revelarem criadores musicais, seguramente contribuirão para o desenvolvimento de cada indivíduo e para uma sociedade mais perceptiva e sensível. Mas incorporar a música à escola não deve ser atribuição delegada apenas ao professor especializado, naquele horário específico. Há muito que todos nós podemos fazer no sentido de aproximar dela as crianças. Para começar, o professor pode procurar ouvir mais música e buscar em sua memória (eventualmente ajudado pela internet ou em conversas com amigos) aqueles sons e letras que o tocam, a fim de compartilhá-los com os alunos. Nem que seja numa referência ou sugestão de pesquisa. A transmissão de um repertório é atribuição coletiva.

Em recente artigo na revista digital *Emília*, o escritor Ricardo Azevedo evoca quanto as músicas que ouvia no rádio em sua infância abriram seus horizontes e lhe revelaram a variedade do mundo, muito além dos limites de sua casa, escola ou família. Quando li, fiquei pensando como também vivi um processo semelhante, ainda que com músicas diferentes. Lembrei que, ouvindo Luiz Gonzaga cantar: "Juntei dinheiro / quase o ano inteiro / entrei para a escola / para ser chofer", fiquei surpresa ao descobrir que ser motorista de táxi era algo que se aprendia numa escola e custava as economias de tanto tempo. Prestei atenção em outras profissões, cantadas pelos nossos artistas: "O leiteiro, coitado / não conhece feriado, / trabalha o dia inteiro, / toda noite no sereno". Ou então, com Caymmi: "Pedro vivia da pesca / Saía no barco / seis horas da tarde / só vinha na hora do sol raiar". E mais: "Você conhece o pedreiro Waldemar? / Não conhece? / Pois eu vou lhe apresentar. / De madrugada toma o trem da circular / Faz tanta casa e não tem casa pra morar". Horários diferentes os desses trabalhadores, todos sacrificados. E essa coisa de não ter casa para morar? Outras músicas falavam nisso também: "Eu não tenho onde morar / É por isso que eu moro na areia...". E uma marchinha de carnaval frisava: "Há tanto tempo que eu não tenho onde morar / Se é chuva, apanho chuva /

Se é sol, apanho sol...". Aliás, havia música também para chuva ("Tomara que chova / Três dias sem parar" e mais tarde "Chove, chuva, chove sem parar") e sol ("Atravessamos o deserto do Saara, / o sol estava quente e queimou a nossa cara"). Não vou partir do Saara e percorrer o atlas numa geografia carnavalesca musical — das Touradas em Madri à "linda lourinha que vem de outra terra / que vem da Inglaterra / que vem de Paris...". Nem vou corrigir a História pátria em "Quem foi que inventou o Brasil? / Foi seu Cabral, foi seu Cabral / no dia 21 de abril / dois meses depois do carnaval".

Está tudo fácil de resgatar num CD como *Sassaricando*. Ou na internet, pronto para virar aulas muito divertidas. E contribuir para passar adiante esse fantástico repertório de que todos devemos nos orgulhar.

Ler, escrever, fazer contas

abril de 2013

A visão tradicional da escola fundamental a apresenta como um espaço de sociabilização infantil e de transmissão de conhecimentos. Um lugar aonde a criança vai para brincar com outras da mesma idade e para aprender. Antes de mais nada, aprender a ler, escrever, fazer contas, entender como as coisas funcionam. Ou seja, alfabetizar-se, adquirir as primeiras noções de aritmética, de linguagem e de ciências, enquanto convive com os outros e começa a exercer seus direitos e deveres frente a eles.

Hoje em dia, essa visão não satisfaz mais. A escola não é mais vista como uma espécie de gigantesca rede de encanamentos, que transporta os variados itens do conhecimento acumulado pelas gerações prévias, sacando-os de um reservatório cheio e os dirigindo para os cérebros vazios dos novos habitantes do planeta. Considera-se que tudo faz parte de um processo dinâmico e contínuo em que todos estamos sempre aprendendo e construindo conhecimento que se forma na prática conjunta. Sabe-se que os alunos chegam à sala de aula trazendo uma porção de saberes que já adquiriram em sua vida pessoal e seu convívio familiar e social e que, compartilhados com os de todos os outros, enriquecem cada participante do processo e todas as suas etapas.

Ter essa consciência e respeitar esses saberes são passos muito importantes na concepção geral da educação. Mas apesar disso, os meninos e meninas continuam precisando aprender a ler, escrever, fazer contas, entender como as coisas funcionam. Alfabetização, redação, leitura, matemática e ciências continuam sendo fundamentais para o crescimento de cada um e o pleno desenvolvimento do país, o que vai melhorar a vida de todos. E, se é verdade que em sala de aula todos aprendem juntos, também é verdade que, no meio desses todos, há alguns que são pagos para ensinar e outros que pagam para aprender — diretamente por meio da anuidade ou indiretamente, pelos impostos. Cada vez que um professor deturpa sua função e deixa de ensinar está também dando um calote em quem paga seu salário. Baixíssimo, aliás, ninguém nega. Mas a culpa não é do aluno nem de seus pais. E, por parte do professor, a melhor arma de combate contra essa política salarial aviltante é demonstrar como seu trabalho pode ser valioso.

Algumas experiências recentes que têm chegado ao noticiário dos jornais comprovam como essa dedicação ao ensino pode ser compensatória e dar certo, conferindo destaque e respeito profissional aos docentes por ela marcados. Pode ser uma professora de escola pública no interior da Paraíba, conseguindo que seus alunos acumulem excelentes resultados nas Olimpíadas de Matemática. Podem ser os 124 projetos finalistas de estudantes do ensino básico em São Paulo que fascinaram os que acompanharam a Mostra Paulista de Ciências e Engenharia. Avaliações têm mostrado o abismo que ainda se ergue diante das necessidades brasileiras no setor. Mas iniciativas desse tipo, somadas a políticas públicas como as Escolas do Amanhã, da Secretaria de Educação da Prefeitura do Rio de Janeiro, ou à ação de voluntários como os diversos movimentos e organizações do terceiro setor que atuam na área (entre eles, Todos pela Educação, Fundação Lemann, Instituto Ayrton Senna, Instituto Ecofuturo, Instituto C&A), mostram que é possível enfrentar o desafio.

Mais que isso, confirmam o que Emília Ferreiro e Ana Teberosky já levantaram. Quando as práticas pedagógicas não caem na armadilha paternalista de querer nivelar por baixo, mas têm uma meta de chegada clara, o esforço compensa. A distância social na escola diminui quando o que importa é só o raciocínio da criança, mas aumenta quando se depende do conhecimento que ela já traz acumulado. Ser justo, portanto, não é homogeneizar. É criar condições de igualdade e inclusão, com cuidado para não simplificar em excesso — o que significaria fixar uma meta excessivamente modesta e se satisfazer com pouco, justamente em relação a quem mais precisa dar um salto e vencer obstáculos.

Muitas vezes o ensino superior de pedagogia não leva isso a sério. É necessário entender as práticas dentro do sistema, para dar reforços compensatórios quando necessário, sem deixar o aluno para trás nem estigmatizá-lo, mas legitimando a diferença na velocidade do aprendizado ao mesmo tempo que se faz um esforço extra para agir sobre ela, no sentido de acelerá-la e compensá-la, de modo a transformar o quadro. E dar maiores oportunidades a quem tem tido poucas chances na vida. Para isso, é absolutamente fundamental valorizar a cultura escrita, pois nas sociedades em que livros e leitura fazem parte do cotidiano e em que os adultos falam de livros com intimidade e entusiasmo, esse ambiente letrado faz circular ideias e favorece a aprendizagem como um todo. Em outras palavras, ajuda a pensar e a crescer.

Sem qualquer dúvida, é isso que uma boa escola deve fazer.

Diário de classe

maio de 2013

Nem todos conheceram. Os mais velhos ou que trabalham em colégios mais tradicionais sabem bem o que era.

Diário de classe era um caderno comprido e fino. Todo professor tinha um para cada turma. Dependendo dos rituais da escola, ficava guardado num escaninho na sala dos professores ou na secretaria. Ou então era entregue ao mestre junto com bastões de giz, por algum funcionário encarregado dessa tarefa. Ao ser aberto, uma de suas folhas se desdobrava para fora, pelo lado esquerdo, e incluía o nome de todos os alunos da turma em ordem alfabética. De cada nome saía uma linha, formando fileiras. Cada linha se cruzava com outras na vertical, delimitando colunas correspondentes aos dias do mês. Servia para a lista de chamada. Era com ela que se iniciavam todas as aulas.

Cada aluno, ao ouvir seu nome, deveria responder que estava presente. Geralmente, isso era marcado com um pontinho no quadrado do dia. Às vezes não havia resposta, e o professor levantava o olhar e buscava o rosto que se transformara em silêncio. Ou apenas se ouvia um:

— Faltou!

E se sapecava no quadradinho um A de "ausente", antes de passar ao nome seguinte.

Do lado direito do caderno, em uma coluna bem mais larga, lançava-se a data da aula e a matéria dada naquele dia, devidamente rubricada pelo professor.

Não passava disso. Um inocente registro do cotidiano da escola.

Agora mudou. Virou o nome de uma verdadeira revolução. Um registro corajoso e nada inocente da educação brasileira. O blogue de uma menina com nome de bailarina. Isadora. Como Isadora Duncan, um modelo de mulher, a dançarina que criou a dança moderna, solta, livre, sem sapatilhas, com roupa folgada e celebração dos movimentos espontâneos do corpo. Mas essa Isadora baila ideias e palavras na internet. E começou a registrar o que acontece em sua escola, com olhar atento aos problemas e dificuldades do cotidiano do nosso ensino. Acabou ajudando a traçar um retrato em profundidade da educação brasileira, ao mostrar as carências que se encontram em toda parte — muitas vezes, apesar do dinheiro que existe, é destinado às escolas, e nunca chega. Ou, se chega, não é usado para o fim ao qual se destinava.

Ao receber recentemente o Prêmio Faz Diferença em Educação, o discurso dessa menina que nem ao menos tem idade para ser eleitora, mostra como ela amadureceu seu olhar no processo de observar, analisar e escrever o que vê. Pois não é que ela chegou à conclusão de que grande parte do problema se deve à corrupção que acarreta desvios de verba? Além disso, mostra que não quer ser celebridade, quer só ajudar a melhorar o país em que nasceu e a educação da gente que aqui vive. Fez questão de destacar que a ideia do blogue não é uma incrível descoberta sua, mas algo muito simples. Diz que seguiu o exemplo de uma menina de nove anos no Canadá. E que há outras iniciativas parecidas. Em todo canto.

Não só de crianças e adolescentes, diga-se de passagem. A Inglaterra está sendo sacudida por um movimento de professores que se torna cada vez mais forte. Começam a fazer assembleias ao vivo. Mas estão há meses numa exemplar rede de discussões sobre a qualidade do ensino, os currículos, os conteúdos que lhes pedem que transmitam aos alunos. Debatem acaloradamente sobre a necessidade de que a escola ensine a pensar e não apenas passe adiante conhecimentos tais como são aceitos hoje em dia.

Por aqui, nem sempre os debates se mantêm no terreno das ideias. Algumas denúncias são bem concretas, correm a internet e chegam à mídia. Assim, todo mundo fica sabendo que em Florianópolis uma escola foi interditada e corre o risco de desabar, e outra foi interditada pela Defesa Civil. Ou que outra está tendo turnos de apenas três horas, para aproveitar os espaços do prédio em revezamento.

São informações que mostram um descalabro, mas revelam também uma sociedade em estado de alerta, preocupada com a educação. Isso incomoda muita gente. Isadora não recebeu apenas prêmios e aprovação. Recebeu também ameaças de morte — e as postou na internet. Sua casa foi apedrejada. Sua avó foi atingida e sofreu ferimentos, como todos puderam ver na foto que também correu pela rede. Mas Isadora cresce, recebe apoios e se multiplica em uma infinidade de pequenas e grandes isadoras de todos os nomes, a mostrar um país que tem brio, coragem, vontade de saber, e está aprendendo a cobrar dos poderosos ao exigir o que é nosso de direito e estão nos negando ao longo de toda nossa história. Uma educação de qualidade para todas as classes, em construção diária. Cobrada por diários de classes dinâmicos e atuantes. Com a força viçosa da verdade e do entusiasmo jovem que ninguém consegue calar.

Um chamado

junho/julho de 2013

Hoje lhe conto uma história verdadeira.

Artur está com 17 anos e se prepara para fazer vestibular. Curte uma banda que os colegas organizaram, joga basquete, tem montes de amigos e amigas, passa horas em conversa nas redes sociais, participa ativamente do grêmio do colégio. Este ano, além disso, tem que estudar muito. Ainda mais porque nunca foi um aluno excepcionalmente brilhante. Talvez com uma exceção: em matemática, matéria de que gosta muito. Mas o fato é que agora o tempo é escasso, há um vasto programa a dominar.

No meio disso, ainda surgiu mais uma: o colégio onde estuda mantém há anos um cursinho de pré-vestibular comunitário, em que estudantes das últimas séries dão aulas para jovens de uma comunidade da vizinhança. E uma noite por semana o Artur dedica algumas horas a um trabalho voluntário em sala de aula, como monitor de matemática. Nunca tinha pensado em fazer isso. Mas acha o projeto legal e quer dar sua contribuição. Então se ofereceu.

Foi então que aconteceu o inesperado. Pegou uma turma que não entendia nada de um ponto que todos consideram muito difícil, até mesmo seus colegas de classe. Mas para ele era fácil. E conseguiu explicar direito. Talvez por serem todos da mesma idade e falarem uma linguagem semelhante. Talvez porque, realmente, para Artur, o assunto fosse cristalino. Desde pequeno ele gosta de resolver problemas e enigmas, joga xadrez, tem uma cabeça acostumada a pensar matematicamente.

A surpresa para ele foi o prazer que sentiu com a experiência. Voltou para casa falando nisso, entusiasmado. Contou da emoção que sentiu quando percebeu que o assunto meio aterrorizante e quase intransponível não tinha mais mistérios para a turma, graças às explicações que dera. No fim de semana, dedicou algumas horas a preparar a aula seguinte, procurando truques para despertar o interesse da turma e exemplos da vida prática para que todos vissem quanto aquilo tinha a ver com eles. Inventou problemas para serem resolvidos, em dificuldade crescente, levando o pessoal a compreender passo a passo o mecanismo necessário para domesticar um aparente bicho de sete cabeças.

Novo sucesso. Nova vibração. Além de adorar perceber o emocionante processo do desabrochar das mentes adolescentes, de garotos de sua idade, Artur foi também reparando que a experiência estava lhe dando intenso prazer. Uma mistura de orgulho com afeto e empolgação de enfrentar desafio. O prazer de ensinar, que todo bom professor conhece, mas que, nas circunstâncias concretas em que a profissão se exerce pela vida afora, acaba logo sendo sufocado e esquecido. Estava descobrindo uma vocação. Até mesmo do sentido etimológico da palavra: um chamado.

Depois de alguns dias pensando sobre tudo isso, numa noite aproveitou a família reunida em torno à mesa de jantar e comunicou:

— Mudei meus planos de profissão.

— Como assim? — perguntou o pai, meio assustado.

— Não vou mais fazer vestibular para engenharia. Eu quero mesmo é ser professor de matemática.

Dá bem para imaginar que foi um deus nos acuda. Os pais, preocupados, ponderaram que não se toma uma decisão dessas de modo leviano, ele precisava pensar melhor. Que ele tem todas as condições de entrar para uma boa faculdade de engenharia, dessas de onde ao se formar o aluno já sai com um bom emprego. Que magistério é uma carreira muito bonita e gratificante mas não enche barriga nem tem futuro. Que engenheiros são indispensáveis ao desenvolvimento do país...

— Professores também — contestou o rapaz.

Pois é, como argumentar? Ele tem toda razão. Ainda mais quando veio com um argumento de peso, meio de brincadeira, meio a sério:

— Nós temos três professores na família. Cinco, se além da vovó e dos tios a gente contar com os primos da mamãe. Eu tenho bons exemplos, estou seguindo uma tradição familiar.

— Justamente por isso, meu filho. Justamente por isso... A gente conhece os sacrifícios que acompanham a profissão. E o pouco reconhecimento que ela tem — lembrou a mãe.

No primeiro momento, como todo adolescente saudável, Artur ficou irredutível. Alguns dias depois já estava encontrando uma forma de conciliação: podia ser engenheiro e dar aulas de matemática. Uma coisa não precisa necessariamente impedir a outra. Talvez seja possível, quem sabe?

A história não acabou e não faço ideia de como vai acabar. Mas, ao saber dela, achei-a exemplar. Simbólica destes tempos e desta sociedade que escolheu desprestigiar seus professores, a começar pelo salário que não lhes dá condições dignas de sobrevivência, por mais que se venha com discursos vazios sobre sua importância. E nem estamos falando da violência cotidiana que muitos encontram no ambiente de trabalho, geradora de tensões, doenças e desistências.

Recentemente, uma professora me contou que, numa turma de uns quarenta alunos, ao perguntar a eles sobre planos e sonhos futuros, descobriu que a pergunta "o que você quer ser quando crescer?" não encontrara uma só resposta que apontasse o magistério. Sinal destes tempos cinzentos, em tantos tons de cinza.

Compreensível, mas triste. Muito triste. Da tal "apagada e vil tristeza" de que falava o poeta Camões. O que estamos fazendo de nossa terra e nossa gente?

Literatura e economia

agosto de 2013

Tudo o que a gente aprende tem utilidade. Muito embora às vezes não se consiga perceber na hora qual é. Lembro como tantas vezes eu reagia ao estudo de matemática quando estava na escola, me perguntando:

— Para que tanto número, tanta letra grega, tanta incógnita? Para que serve uma coisa dessas? Não vou ser engenheira, nunca vou usar nada disso. Não aguento decorar fórmulas.

Mas não tinha jeito. Os professores eram exigentes, meus colegas de turma eram muito aplicados, as provas ficavam cada vez mais difíceis. Havia no horizonte vestibulares muito puxados, o jeito era estudar. Posso não ter guardado de cor as fórmulas, mas nem consigo descrever quanto o desenvolvimento do raciocínio lógico me tem sido útil. Com o tempo, ao longo da vida, fui vendo como a matemática me ajuda na administração do meu dia a dia. Até mesmo no âmbito doméstico. Se precisava fazer uma obra em casa, era capaz de calcular com facilidade quantos metros quadrados de revestimento ia precisar na reforma do banheiro. Se ia adaptar uma receita culinária para um número diferente de comensais, fazia isso rapidamente, sem nem parar para pensar muito. Se precisava fazer uma compra grande, lá ia eu examinar e comparar as vantagens de crediários com as de uma poupança prévia que me permitisse adquirir o bem à vista.

Princípios básicos da geometria, familiaridade automática com os mecanismos de regra de três ou cálculo de juros, que me permitiram desbastá-los de forma quase reflexa, tudo foi útil. Em tempos de inflação, a capacidade de projetar e calcular ajudou a tentar proteger de maneira racional meus parcos rendimentos e pude estabelecer contratos mais justos com meus editores. Profissionalmente, estive em cargos que me obrigaram a fazer orçamentos, prever receitas e despesas, dominar os meandros do fluxo de caixa ou do planejamento financeiro e gerir as atividades de uma equipe levando em conta esses fatores. Felizmente, tinha uma capacitação básica para fazê-lo e sempre consegui não ficar no vermelho e cumprir metas administrativas.

Atribuo tudo isso e muito mais a uma intimidade que sempre tive com a matemática, mesmo reagindo tanto a ela quando estava na escola. Para não falar nos benefícios colaterais de poder me aproximar da física e seus fenômenos de modo racional, tornando-me capaz de entendê-los em suas linhas gerais.

Para alguns de meus colegas na escola — e muita gente que depois encontrei, pela vida afora — a questão era a oposta. Com imensa facilidade para o raciocínio numérico, viviam às turras com as aulas de português, a leitura de literatura, as lições de gramática:

— Para que isso vai me servir na vida? Qual a utilidade de a gente saber o sujeito ou o predicado de uma oração? De que adianta interpretar um poema ou um trecho de um romance? Isso tudo é mentira, ficção, uma coisa que não aconteceu de verdade. Não vou gastar meu tempo com essas coisas...

Em adultos, essa atitude se manifesta de outra forma: pelo ideal de ser um homem sério, que não lê literatura, não tem tempo a perder com leituras que não sejam de jornais, revistas, formação técnica.

Não foi só na minha geração que encontrei essas duas atitudes se opondo. Vi isso na dos meus filhos — tenho um que lida com linguagem de computadores e modelos matemáticos, com a facilidade de quem brinca, e dois que são artistas e se arrepiam diante de números. Vejo também na dos meus netos e seus amigos. Às vezes ouço deles frases exatamente iguais às que eu dizia ou às que ouvia de meus colegas.

Pois agora tenho uma bela surpresa. Leio na imprensa as reportagens sobre o mais novo milionário do mundo digital. Depois de Steve Jobs, Bill Gates, Mark Zuckerman e alguns outros, estoura um surpreendente adolescente de 17 anos, Nick d'Aloisio, com um programa que começou a criar aos 15 anos e vendeu recentemente ao Yahoo! por trinta milhões de dólares — o aplicativo Summit.

Trata-se de um programa aparentemente simples. Mas em menos de seis meses, só na Apple, já tivera quase um milhão de transferências ou *downloads*. Fazendo o quê? Resumos de notícias. É capaz de resumir automaticamente em 400 caracteres notícias que estão na internet, para poder facilitar sua leitura em celulares e tablets. Identifica o que nelas é essencial e despreza a menção das circunstâncias que não são importantes. Um gramático diria que ele analisa sintaticamente os períodos em que tais notícias são redigidas e neles reconhece o sujeito, o verbo da oração principal e seus complementos — predicativo, objeto direto e indireto. No caso dos adjuntos adverbiais, limita-se aos que desempenham um papel essencial no relato do fato. Vai ao cerne das circunstâncias quando examina o *onde, quando, como* ou *por quê*. E só considera o relevante. Impossível fazer isso se não tiver compreendido e interpretado o texto. Inviável fazê-lo num programa para um aplicativo se não for capaz de transformar essa percepção num modelo matemático.

Letras e números, sempre. Caminhos de um saber integrado, sem especializações excessivas, rico em sabedoria. E capaz de ajudar a enriquecer. Como se queria demonstrar.

Cúmplices na harmonia

setembro de 2013

Algumas das mais importantes lições que aprendemos na escola não fazem parte do currículo, mas nos ajudam a crescer pela vida afora e ficam conosco para sempre. Entre elas, sem dúvida, contam muito todas as etapas de sociabilização. Fazer amigos, disputar espaços, reivindicar, saber ceder ou insistir (e distinguir um caso do outro), conhecer os próprios limites, incorporar noções de direitos e deveres, aceitar a primazia do direito alheio, mobilizar um grupo numa ação solidária, ser capaz de sentir compaixão funda e agir de acordo com ela, tudo isso são preciosidades do processo civilizatório que só podem se desenvolver numa vida em conjunto. Não são exclusividade da escola, é claro. Antes da existência de instituições de ensino, eram adquiridas por meio do convívio na família ou no clã. Mas nas sociedades contemporâneas, é nos tempos de colégio que surgem as mais ricas oportunidades para que esses aspectos se desenvolvam, numa construção pessoal de autocontrole, em que as emoções à solta possam deixar espaço para que a racionalidade faça sentir sua presença.

Por vezes, nota-se uma tendência a que tais oportunidades se concentrem nos chamados "trabalhos em grupo". Um procedimento útil, mas com frequência fora do acompanhamento direto do professor e, por isso, nem sempre muito eficaz — tanto em termos do aprendizado propriamente dito quanto na sociabilização. Se, por um lado, tal prática pode ajudar na formação de sentido de equipe e no estímulo ao compartilhamento, também há outro lado da moeda: é comum que nesses casos o mérito não seja reconhecido ou que o malandro aproveitador e egoísta se dê bem e seja acobertado pelos outros, na tentativa de se protegerem de um conceito negativo prestes a atingir todos.

Dois setores, porém, parecem especialmente fecundos para que o processo de sociabilização possa ser vivido na escola em toda sua plenitude: as práticas desportivas e a educação musical.

Tanto os esportes individuais quanto os jogos em equipe só ganham seu sentido dentro de um quadro de leis definidas e válidas de igual maneira para todos os participantes. A obediência a um conjunto de regras é condição essencial para sua existência.

Não surpreende que um bordão que ficou popular entre nós seja justamente a palavra de um comentarista esportivo que fala com a autoridade e experiência de quem foi árbitro por muito tempo: "A regra é clara". É isso. A regra deve ser clara. E deve ser respeitada por todos.

O antropólogo Roberto DaMatta, aliás, ao analisar o papel que a paixão pelo futebol representa no Brasil, enfatiza esse aspecto fundamental. Numa sociedade em que todos querem dar um jeitinho ou uma carteirada e pretendem se dar bem passando ao largo das leis, é fundamental que se saiba que, pelo menos, na hora do futebol, todos são mesmo iguais perante a lei e ela vale para todos. Se não houver regras rígidas e sanções para quem não as cumprir, o jogo fica impossível de ser jogado e não existe mais. Pode-se discutir se houve ou não impedimento numa jogada, ou se o gol confuso foi ou não feito com uma ajudinha da mão. Mas não se pode pretender que a lei não seja igual para todos, que alguns jogadores possam ficar impedidos e outros não, ou que apenas um time possa ter o direito de usar a mão para mandar a bola para o fundo das redes.

O mesmo ocorre, de outra forma, na hora de se fazer música em conjunto — seja num coral ou numa banda. Todos têm de tocar a mesma música, no mesmo ritmo. Cada um deve respeitar seu momento de entrar. Para isso, cada um, individualmente, precisa ouvir o que os outros estão tocando ou cantando para poder se ajustar ao som coletivo. E todos precisam estar atentos ao comando do regente, que determina o momento em que se começa ou se termina, e quando será a entrada de cada um.

Em tempos violentos de uma sociedade brutal onde por vezes parece que a lei do mais forte quer se impor, a experiência de fazer música em conjunto pode ser uma rara oportunidade de buscar harmonia e dar lugar ao outro. Um diálogo verdadeiro, intenso e fecundo em busca de uma expressão comum, sem ter de passar por qualquer palavra. Uma experiência exemplar nessa área é a do maestro e pianista argentino-israelense Daniel Barenboim, criador de uma orquestra que reúne em Jerusalém crianças palestinas e israelenses. Após alguns anos de atividades, enfrentando dificuldades incríveis, o regente ainda se emociona ao relatar os resultados da iniciativa. Sobretudo, ao constatar que, ao se verem lado a lado e terem de se olhar nos olhos à espera da fração de segundo em que cada um dará um sinal quase imperceptível de entendimento para entrarem juntos no prazer do som coletivo, essas crianças participam de um processo de desarme e harmonia, em que vão para segundo plano a guerra e o ódio em que vivem imersas e para a qual são preparadas desde que nascem.

Um vislumbre de cumplicidade. Ainda não é a paz. Mas é um passo para sua construção, no interior de cada um. E precisamos de todos eles.

A mãe memória e sua casa

outubro de 2013

Você já levou alguma de suas turmas a um museu? Já tentou saber como funcionam os museus em sua cidade? Já aproveitou a navegação na internet para guiar seus alunos no portal de algum museu ao qual vocês não têm acesso físico?

Começo a conversa de hoje com essas perguntas porque recentemente fiquei muito chocada com outra, formulada por uma alta autoridade deste país. Segundo todos lemos na imprensa, o ministro Aloizio Mercadante indagou: "O que museu tem a ver com educação?".

Tento responder a isso de maneira sucinta. Se fosse detalhada, seria necessária uma vida inteira — como ocorre, aliás, com o processo de educação, que só se encerra com a morte. Resumidamente, posso usar apenas uma palavra: "Tudo". Ou seja, museu tem tudo a ver com educação. E esse reconhecimento deveria fazer parte da formação dos professores e impregnar toda a sociedade.

A palavra *museu* vem de *musas*, é fácil ver o parentesco entre elas. Mas museu vai muito além disso, mesmo do ponto de vista etimológico ou histórico. Não é apenas a casa das artes, regidas pelas musas. Basta lembrar que os antigos gregos, sempre muito sábios, contavam que as sete musas eram filhas de Mnemosine, a memória. No museu essa mãe está viva.

Há uma variedade enorme de museus e tenho visitado alguns interessantíssimos aqui no Brasil. São mesmo muitos, e vão muito além dos mais famosos e óbvios, nas grandes cidades — dos museus históricos aos de arte, dos que nos contam do futebol aos que nos trazem o samba e toda a arte popular, dos que celebram a biologia e tudo o que faz a vida aos que retratam os avanços científicos e tecnológicos da humanidade, dos que nos revelam os meandros da língua que falamos ou as artes e ofícios que o homem tem desenvolvido ao longo dos tempos. Viajando por este país adentro tenho encontrado coleções, por vezes pequenas, mas sempre com a capacidade de me ensinar, comover e deslumbrar. Aqui são objetos trazidos por imigrantes quando vieram em porões de navio, ali são rendas feitas por avós de avós, mais adiante são ferramentas que indicam quanto era duro trabalhar nas oficinas, mais além são minerais e pedras encontrados na região e classificados de maneira a nos contar um monte de coisas.

Se não há museus em sua cidade, será que não existe algum interessante num município vizinho? Não será possível organizar uma excursão de ônibus com os alunos e fazer uma boa visita? Vale a pena explorar as possibilidades. Frequentar museus modifica nossa maneira de olhar e ver o que nos cerca. Ao fazer isso, mudamos também nossa forma de sentir: nos apropriamos daquilo que entendemos, passamos também a colecionar olhares e memórias que nos ajudam a entender nossas experiências, a vida em nossa cidade e nossa casa. Percebemos os vestígios deixados pelos que nos precederam, valorizamos no cotidiano as possíveis marcas que deixaremos, desenvolvemos elementos para apreciar melhor cada gesto nosso e reinventar o legado que recebemos.

Hoje em dia, com a internet, temos ainda a oportunidade de visitar virtualmente os museus que não estão em nossa cidade ou até em nosso país. Fazer isso com os alunos pode também ser uma magnífica oportunidade de cruzar fronteiras e abrir horizontes. Entrar no portal do Museu Britânico, por exemplo, clicar para ter as explicações em português e visitar uma das recentes exposições deles (uma sobre a arte da pré-história ou outra sobre a vida diária nas cidades de Pompeia e Herculano, soterradas pelas cinzas do vulcão Vesúvio) pode ser uma experiência inesquecível e uma aula enriquecedora. Navegar pelo Museu do Louvre, por um milagre tecnológico, ficou ao alcance de todos nós, a poucos gestos de *mouse* e teclado — por que não aproveitar? Apreciar mapas antigos em outro museu pode nos transportar ao tempo das grandes navegações em caravelas e nos fazer compreender melhor as dimensões dessa imensa aventura da qual resultamos. Explorar uma grande civilização africana desaparecida, como a do Mali, pode ser um choque transformador, ao revelar a opulência dos inimagináveis tesouros artísticos que mal são mencionados nos livros didáticos, e acentuam a escala da destruição representada por guerras, colonialismo e escravidão.

Enfim, as possibilidades oferecidas por museus na educação são inesgotáveis. Ao contrário do que insinua a pergunta do ministro, parece-me que museu é irmão da escola. Lugar onde a trajetória humana conta e reconta a si mesma, com novos ângulos a cada geração. Um espaço permanentemente aberto para novos contatos com a realidade, condensada em objetos e ambientes que transformam o olhar, estimulam a reflexão e preparam o visitante para percepções mais fecundas ao sair do entorno de suas paredes.

Como nos lembra o poeta João Cabral em seu *Museu de tudo*, um museu "tanto pode ser caixão de lixo ou arquivo". Reciclável, renovável, capaz de documentar. Depende de nós. Do uso que fizermos dele. Do carinho e frequência com que renovemos nossas visitas. E da intimidade que com ele desenvolvermos pela vida afora, desde a escola, guiados por um bom professor.

Ai, eu entrei na roda

novembro de 2013

Uma coisa maravilhosa da literatura é a capacidade de criar personagens fortes, com a intensidade de pessoas de verdade, que existem na vida real. Às vezes, até mais. E quando a gente está distraída, tocando a vida para a frente sem nem pensar nisso, de repente, pimba! Lá aparece o personagem na memória, como testemunho da universalidade que um autor conseguiu injetar naquela pessoa inventada.

Por exemplo, se encontramos um sonhador querendo consertar o mundo e disposto a enfrentar perigos até onde eles não existem, logo nos vem à mente Dom Quixote. Um mentiroso que não consegue se controlar e inventa coisas absurdas pode fazer pensar em Pinóquio ou no Barão de Münchhausen. Ou no caçador nordestino contador de vantagens que o escritor alagoano Graciliano Ramos inventou em *Histórias de Alexandre*.

Os exemplos são muitos. Não é raro. Ocorre com todo mundo. Pois foi exatamente isso o que me aconteceu há pouco tempo.

Fui convidada a participar de uma mesa-redonda num congresso de psicopedagogia. E o público estava entusiasmado quando cheguei, comentando umas atividades da véspera. Como eu não sabia do que se tratava, pedi que me explicassem. E, de repente, lá veio o tal pimba! E entrou em cena um personagem ridículo e divertidíssimo do autor francês Molière — o famoso Monsieur Jourdain, o Burguês Fidalgo, da peça com o mesmo título.

Como os que conhecem esse texto devem se lembrar, trata-se de um sujeito que ganhou dinheiro e ficou rico, mas não tinha educação — o que não era de espantar ninguém numa época como a dele, no século XVIII, na época dos reis absolutistas na França, quando os nobres tinham todas as regalias e luxos e o povo não tinha vez. Mas um ou outro comerciante conseguia enriquecer, como esse Monsieur Jourdain. Só que, como não fora educado, não sabia se comportar, não tinha noção do que devia vestir em cada ocasião, não tinha bons modos à mesa, não se dirigia às pessoas de forma apropriada, e assim por diante. Era apenas um burguês querendo ser fidalgo. E para tentar conseguir isso com mais eficiência, a comédia de Molière nos conta que o burguês contratou vários professores que pudessem lhe ensinar o que precisava. Tinha aulas de dança, de esgrima, de muita coisa. Inclusive de francês, para poder aprender a falar direito. Numa dessas aulas, ao pretender lhe dar noções básicas de literatura, o professor diz que existe prosa e poesia. Mostra que a poesia tem determinadas características formais — como rima, métrica etc. E, por eliminação, demonstra que a prosa é a linguagem que usamos todo dia, quando falamos uns com os outros, sem esses enfeites todos.

Ouvindo isso, Monsieur Jourdain fica todo orgulhoso:

— Quer dizer então que eu sei falar em prosa mesmo sem ter tido nenhuma aula? Eu faço prosa toda a minha vida sem nunca ter aprendido?

E fica se achando o sujeito mais preparado e inteligente do mundo.

Pois não consegui deixar de me lembrar dele no tal congresso a que assisti. O tema que estava deixando todos entusiasmadíssimos era uma atividade que fora o objeto de uma palestra e uma oficina de que os participantes do congresso tinham participado: danças circulares. Quanto mais me explicavam, mais eu ouvia o burguês fidalgo sussurrando ao meu ouvido: "é uma maravilha!". As pessoas ficam em círculo e vão cantando, dançando e fazendo uma coreografia simples. Ora se dão as mãos num contato físico emocionante que mexe com a afetividade, ora giram para um lado, ora no sentido contrário, ora uma delas vai para o centro, executa certos movimentos e depois escolhe alguém que a substitua.

Ouvindo aquilo, fiquei me sentindo ridícula como Monsieur Jourdain, pois a vida inteira participei de danças circulares sem saber que tinham esse nome. Costumávamos chamar de brincar de roda.

Mas não fui a única a participar dessas danças. Todo mundo já viveu essa experiência.

Desde as mais antigas aglomerações humanas, dos povos mais diversos, nos diferentes continentes, sempre houve rituais religiosos em que as pessoas dançavam em círculo. Muitas vezes com sentido religioso — para pedir chuva aos deuses, para agradecer pela colheita farta. Outras vezes, apenas para festejar a alegria de se estar junto.

Lembro que durante a ditadura, quando muitos de nós fomos viver exilados no exterior, uma vez estávamos um pequeno grupo reunido num parque, sentados na grama. Entre nós, havia uma pernambucana. Depois chegaram uns conterrâneos dela. Fomos conversando, rindo, lembrando do Brasil.

De repente eles se levantaram, se deram as mãos, fizeram uma roda e começaram a cantar "O cirandeiro, o cirandeiro, ó, a pedra do teu anel brilha mais do que o sol...". Os outros nos juntamos, mesmo sem conhecer bem a letra da música que eles cantavam, mas fomos aprendendo: "Esta ciranda quem me deu foi Lia que mora na Ilha de Itamaracá...".

Daí a pouco os estrangeiros, donos da cidade, foram parando, vendo aquilo com espanto. Umas crianças se aproximaram e nos deram as mãos, dançando também. Ou seja, nem desconfiávamos e pensávamos que estávamos apenas com saudade do Brasil, dançando ciranda. Só que na verdade estávamos comprovando antecipadamente o poder das danças circulares, hoje objeto de apresentação em congressos de psicopedagogia, que fazem muito bem em valorizá-las. São uma manifestação cultural com raízes fundas e longo alcance.

Realmente, uma coisa muito boa. Não faz diferença o nome que recebem. Nem se agora é necessário chamar a atenção para danças circulares num congresso de profissionais de psicopedagogia. Vale a pena trazê-las ao foco. Quem sabe se assim os professores de crianças pequenas não se sentem estimulados a incentivar a criançada a brincar de roda no recreio? Há muitas brincadeiras a desenvolver numa atividade aparentemente bem simples, mas que nos insere numa linha de transmissão de cultura, vinda de muito longe e passando por nossos ancestrais.

As cantigas compartilhadas constituem excelente material para a musicalização infantil. Muitas delas exigem papel diferente entre um solista e o coro e são uma forma de teatralização incipiente. As letras cantadas também trazem preciosas informações históricas sobre circunstâncias diferentes daquelas em que os alunos vivem hoje. Fazem referência a ofícios desaparecidos e práticas sociais em desuso, ou simplesmente brincam com as possibilidades lúdicas da linguagem.

Dar as mãos, cantar juntos, explorar movimentos do corpo segundo determinadas regras, interagir com os outros, todos esses aspectos de uma coreografia singela ao alcance de todos constituem diferentes faces de uma atividade física coletiva que ensina a conviver com regras e limites, alternância de papéis.

Enfim, qualquer que seja seu nome e seu endosso teórico, vale a pena entrar na roda com a meninada.

O valor do elogio preciso

dezembro de 2013/janeiro de 2014

— Meus parabéns! Ficou muito bom!

Todos sabemos do poder estimulante que essas palavras podem ter na educação. O incentivo vindo de um elogio é precioso e tem sido devidamente valorizado em nosso tempo, ainda que antigamente fosse bastante raro. Talvez os professores fossem mais exigentes. Talvez a psicologia ainda não tivesse trazido uma noção mais precisa da importância do reconhecimento para o ser humano. Mas é um fato: elogios eram escassos na educação, há algumas décadas.

Hoje as coisas mudaram. E mudaram a tal ponto que estão ficando exageradas. Muitas vezes se elogia tudo, como se houvesse a obrigação de construir uma imagem positiva, semelhante a uma campanha publicitária de estímulo ao consumo. Repetem-se fórmulas gastas, de forma superficial, oca, automática, sem corresponder ao merecimento.

O exagero esvazia o sentido do louvor, deturpando sua função. Faz com que o gesto e as palavras percam seu significado de reconhecimento de valor e passem a se confundir com complacência ou condescendência. E pode ajudar a manter alguns mitos perigosos à educação.

Pelo menos, essa é a opinião de alguns estudiosos que se dedicaram a focalizar o assunto. Pesquisas recentes têm apontado para o elogio imerecido como um dos mecanismos de manutenção de um grande equívoco — o de que a excelência intelectual se explica pela genialidade, inteligência pessoal, ou pelo dom de um talento individual recebido dos deuses no nascimento, e não ao esforço e à aplicação na busca de melhorar, com frequência apesar de circunstâncias socioeconômicas muito desfavoráveis.

Não que esses estudiosos sejam contra todo e qualquer elogio, ou ao estímulo, em geral. Mas o que se questiona é o louvor indiscriminado, não merecido ou mal focado.

Há um famoso estudo, das psicólogas Carol Dweck e Claudia Mueller, de Stanford, ainda em final do século passado, mostrando que o elogio mal orientado pode deixar as crianças mal preparadas para lidar com os inevitáveis fracassos que vão encontrar na vida, causando que se desestruturem quando encontrarem dificuldades no futuro. Passariam então, nesse caso, a sucumbir a um sofrimento que as prejudica muito, arrasando sua autoestima, motivação e desempenho. Uma situação em que o desânimo pode levar à desistência. Assim, as psicólogas sugeriram que, em vez de dizer "Muito bem, você é muito inteligente", os professores usassem palavras como: "Muito bem, você deve ter se esforçado muito para resolver um problema difícil com esse" ou "Dá para ver que você trabalhou bem".

Agora um estudo da University College de Londres, coordenado pelo psicanalista Stephen Grosz e abrangendo uma década, sugere que, com frequência, a criança sabe quando não caprichou ao fazer algo e, se o resultado for elogiado, deduz que não precisa mesmo buscar o melhor, porque a mera repetição do que já faz automaticamente alcança aplausos sempre. Muitas vezes, aprende também que deve mentir e fingir que foi difícil, para manter o padrão de elogios excessivos — segundo revela o estudo.

Grosz aponta um aspecto colateral desse fenômeno, ao chamar a atenção para o papel das famílias no processo. Segundo ele, por vezes os pais estão inconscientemente fazendo elogios a si mesmos, como se fosse a seus genes, por terem transmitido tanta inteligência aos filhos. Esquecem o que a antiga fábula ensinou, com a história da coruja que não consegue salvar seus filhos do predador porque os descrevera como os animais mais lindos do bosque. Afastam-se do que a sabedoria popular ensina há tanto tempo, e que os leitores de Monteiro Lobato se acostumaram a encontrar na expressão de Tia Nastácia: "Elogio em boca própria é vitupério". Acabam recaindo no mesmo erro de gerações anteriores, pelo avesso: onde antes havia a crítica sistemática agora passa a haver o elogio irrefletido.

Para o analista britânico, o mais importante em relação aos elogios na educação seria observar com atenção o que a criança faz e, em vez de elogiá-la pelo resultado ou pelas notas, louvar as vitórias que obteve sobre si mesma. Dar os parabéns por ter emprestado um brinquedo ao colega, por ter agradecido algo ou pedido com delicadeza, por ter guardado algo no lugar ou por ter esperado a sua vez com paciência, por exemplo. Segundo ele, esses pequenos toques têm um papel afetivo importante: mostram que o educador está prestando atenção na criança, nota o que ela tem de único, repara nas dificuldades pessoais que ela consegue vencer. A presença atenta junto a ela acaba sendo mais importante do que o louvor vazio. Comprova que alguém lhe dá importância suficiente para ficar a seu lado e compreendê-la nos esforços de superar obstáculos. Mais que elogios distribuídos a torto e a direito, essa presença atenta ajuda o aluno a fortalecer a confiança em si mesmo e o prepara melhor para a vida.

Duas vergonhas

fevereiro de 2014

Não gosto de fazer generalizações nem afirmações categóricas, com jeito de definitivas, pois sempre receio estar enganada ou ser injusta. Mas o fato é que, com a idade, cada vez me convenço mais da importância de dois aspectos históricos que, a meu ver, explicam a desigualdade social escandalosa que marca nosso país. Acho que, enquanto não forem enfrentadas para valer, suas consequências acumuladas pelos séculos afora continuam a nos marcar e a retardar nosso desenvolvimento pleno, e a impedir que tenhamos uma sociedade mais justa. Como brasileira, me envergonho de ambas — a escravidão e a falta de educação.

Os males causados pela escravidão são óbvios. Fomos o último país ocidental a aboli-la. Como um todo, o país achava normal tratar gente como mercadoria — comprada, vendida, alugada, deixada de herança, dividida entre mais de um dono. Não apenas isso, mas vista como propriedade de outras pessoas. Quando finalmente veio a abolição, tão tardia, foi envolta em discussões sobre indenizações. Não aos que tinham sido escravos, sem liberdade até então. Em outros países, ao se libertarem, os escravos ganharam uma compensação material para poderem se sustentar no início de uma vida livre — por exemplo, um acre de terra, uma mula e uma quantia em dinheiro, como nos Estados Unidos. Aqui, não. O que se debateu entre nós foi o direito que os antigos senhores teriam a uma indenização pelos prejuízos que lhes eram causados pela perda forçada de uma propriedade humana. Uma vergonha nacional.

Como brasileira, também sinto vergonha de nossa atitude em relação à educação. Ou à falta dela. É verdade que, bem no início da colônia, os jesuítas tentaram fazer alguma coisa, fundando colégios, ainda que voltados para a catequese, buscando converter o gentio e "trazer as almas dos índios para o rebanho da Igreja". Nesse projeto, ensinavam alguma coisa às crianças e adolescentes indígenas — e também aos adultos. Não apenas língua e doutrina, mas aritmética e música, artes e ofícios.

Mas esses esforços eram limitados, foram uma gota d'água e não duraram muito, encerrando-se com a expulsão da Companhia de Jesus. Alguns dados da época colonial falam por si. Na América espanhola, a Universidade de São Marcos no Peru e a do México foram fundadas logo no início da colônia, ainda em meados do século XVI. Já a primeira universidade brasileira é do século XX. E se olharmos a história de nossa falta de incentivo à palavra impressa, também dá constrangimento. Era proibido imprimir no Brasil português, até o século XIX. Entre as acusações feitas aos inconfidentes muitas se referiam à leitura de livros proibidos e conversas sobre eles. O primeiro jornal brasileiro, o *Correio Braziliense*, era impresso em Londres e vinha de navio.

Enfim, os exemplos são inúmeros. Todos atestam que não demos importância à educação ou à leitura. Quando nos anos 1930 um grupo de educadores brasileiros, tendo à frente Fernando de Azevedo e Anísio Teixeira, lançou seu manifesto pela Escola Nova, tentava transformar essa situação, lutando por uma escola pública leiga, universal, gratuita e de qualidade. Mas só na última década do século XX conseguimos ter matriculadas em sala de aula 98% das crianças em idade escolar. Mas ainda falta garantir a todos a qualidade.

No final de 2013, a coincidência da divulgação de três séries de dados sobre educação, de fontes e focos diferentes, nos dá um retrato poderoso dos motivos que ainda temos para ter vergonha e nos obriga a refletir sobre eles.

Os dados do Pisa, em que o Brasil fica em 58º lugar entre 66 países, revelam que ao final do ensino básico as crianças brasileiras continuam patinando nos últimos lugares, mesmo tendo melhorado um pouco em Leitura, Matemática e Ciências. Os resultados do Enem, numa radiografia do ensino médio, confirmam a disparidade entre o ensino público e o privado e a injustiça maciçamente sofrida pelos alunos do primeiro, com qualificação abaixo das exigências do mercado de trabalho.

Não é de surpreender, portanto, que o resultado da Times Higher Education (THE) sobre as cem melhores universidades dos países do grupo Brics (Brasil, Rússia, Índia, China e África do Sul) e 17 outras nações emergentes, constate que não há nenhuma brasileira entre as 10 primeiras. Entre as 100, temos apenas quatro, enquanto a China tem 43.

Todos os especialistas consultados a respeito, em meio a diversos fatores apontados para esse desastre, concordam em um ponto lastimável: a qualidade da capacitação de nossos professores deixa muito a desejar. Talvez estejamos errando por excesso de condescendência, de uma certa autocomplacência que nos impede de ver o que podemos fazer para avançar, de modo a competir com os outros em melhores condições. Em vez de apenas nos solidarizarmos com os tantos vitimados de nossa grave desigualdade social, precisaríamos fazer um grande esforço coletivo para ir adiante, exigindo a garantia de melhor formação do magistério. Concordamos em que os professores são vítimas de um sistema que os deixa abandonados, perdidos, mal pagos e mal preparados, coitados. É mais do que hora de mudar isso, para que, em vez de serem vistos como coitadinhos, que pena!, possam ser admirados com orgulho.

Escola para quê?

março de 2014

Este ano de 2014 tem uma importância especial para a educação brasileira. Nele vai ser votado o Plano Nacional de Educação — PNE — que foi devolvido à Câmara dos Deputados depois de uma porção de modificações que sofreu no Senado. Em sua maioria, desvirtuando pontos importantes da proposta. De qualquer modo, os especialistas estão considerando que essa será uma das últimas chances que o Brasil tem para tentar diminuir nosso atraso no setor e reduzir a distância que nos separa de outros países. Mais do que nunca, portanto, a sociedade precisa estar atenta e procurar defender o futuro. Até mesmo porque, se a qualidade da nossa educação é uma vergonha, pode ficar ainda muito pior, se não mostrarmos que estamos preocupados com o assunto e dispostos a discuti-lo a sério, saindo dos *slogans* superficiais e focando em pontos específicos e prioridades básicas.

Basta um exemplo: o projeto modificado propõe que a idade para a meta de obrigatoriedade de alfabetização passe a ser 8 anos, nos primeiros tempos de vigência do plano — e não a partir de 6 anos. Um substitutivo apresentado por um dos partidos da base governista vai mais longe, propõe a idade de 10 anos, e foi vitorioso no Senado. Vamos deixar passar um absurdo desses? Só porque os prefeitos dos municípios atrasados acham que alfabetizar cedo não é tão importante assim? Será que não percebem que o atraso e a evasão escolar estão diretamente ligados a não alfabetização? Ou preferem que o eleitorado como um todo seja mantido mais próximo do analfabetismo? Dão como desculpa o fato de que isso gera uma pressão enorme sobre as prefeituras — mesmo levando em conta o reforço financeiro dos bilhões que já estão sendo destinados para a pré-escola ou vindo do Pacto pela Alfabetização.

Então, fica essa situação de se tornar obrigatória a escola a partir de 4 anos, mas deixar que as crianças fiquem lá umas horas por dia, sem precisar aprender a ler e escrever durante anos. Ir à escola para quê? Ainda mais se levarmos em conta que, pelos dados oficiais, 80% dos alunos já estão sendo atendidos pela pré-escola aos 4 anos. Então, pelo novo Plano Nacional de Educação (se vier a ser aprovado na Câmara o substitutivo do senador Vital do Rêgo, apoiado pelo relator de plenário, Eduardo Braga, ambos do PMDB), a meta obrigatória de alfabetização será adiada, e as crianças poderão ficar anos e anos na escola apenas brincando e enchendo tempo. Sobretudo se estiverem em escolas públicas, sujeitas às autoridades municipais e a esses prefeitos que não aguentam pressões pela educação e reagem com tanta intensidade que conseguiram modificar o projeto no Congresso. Já as crianças cujos pais podem pagar boas escolas particulares, em geral aos 6 anos já estão alfabetizadas. Já estão escrevendo bilhetes e pequenas redações, se preparando para saltos de maior fôlego. Já podem começar a se comunicar pelas redes sociais. Já estão lendo alguns dos excelentes livros infantis de nossa ótima literatura, cuja qualidade é reconhecida e premiada em toda parte, e que fazem parte de um acervo que hoje em dia atinge todas as escolas em todos os municípios do país, graças a um sistema de compras governamentais e distribuição gratuita que chega a todo canto, virou política de Estado, e vem sendo mantido desde o século passado, por sucessivos governos federais de diferentes partidos.

Não dá para ter complacência com uma atitude chocante como essa, que pretende manter a desigualdade, negando à maior parte da população o direito à alfabetização até os 6 ou 7 anos. Não basta se mobilizar para pedir 10% do PIB para a educação. É fundamental exigir educação de qualidade. Mas segundo o noticiário na imprensa, as metas ligadas a esse aspecto também foram retiradas dos projetos por pressões dos prefeitos. Segundo a especialista Ilona Becskeházy, o primeiro passo deveria ser o estabelecimento e implementação do Custo Aluno-Qualidade (CAQ), a fim de definir com clareza para onde devem ir os recursos, e garantir que a União possa suplementar os municípios que não tiverem condições. Não adianta nada receber uma verba supostamente destinada à educação e gastá-la em recapeamento de "ruas que levam à escola", bancadas de granito no refeitório, ou nomeação de dezenas de auxiliares de merendeiras, todos parentes de cabos eleitorais.

Estabelecido o padrão alto de qualidade, o segundo momento deve ser a criação da possibilidade de atingi-lo, com a rigorosa exigência de formação de professores — em cursos de bom nível, de duração suficiente, presenciais, diurnos, gratuitos e em período integral. E, evidentemente, como lembra Ilona Becskeházy, com um mecanismo de responsabilização para quem não cumprir o PNE. Só assim se pode fazer bom uso dos 10% do PIB tão reivindicados.

Saber aonde se quer chegar e onde os recursos devem ser alocados, preparar quadros que possam percorrer este caminho e punir quem atrapalhar — é uma receita que faz sentido. Mas tudo isso está ligado à consciência nítida de que a recusa ou incapacidade de alfabetizar crianças na escola não é apenas um fingimento cínico. É uma fraude, um crime. O país não pode ficar indiferente a esse debate no ano de uma votação tão importante.

Aprender com quem aprende
abril de 2014

Quem ensina sabe que está sempre aprendendo. E não apenas quando se prepara para ensinar ou dar uma aula. Mas, talvez sobretudo, enquanto teoricamente estaria ensinando. Aprende com quem está aprendendo. Os grandes nomes da pedagogia — Paulo Freire à frente — já enfatizaram isso à exaustão. E o escritor Guimarães Rosa imortalizou essa noção de forma lapidar ao sintetizar: "Mestre não é quem sempre ensina, mas quem, de repente, aprende".

A questão toda está em desenvolver uma capacidade de observação fina para perceber o que se está aprendendo. Nem sempre é óbvio.

Henrique estava aprendendo a falar. Naquela fase em que a criança nota que os verbos se conjugam. E que respeitam concordância, coisa nem sempre fácil de ver. Como o excelente exemplo do personagem de Ruth Rocha no livro *David ataca outra vez*, que diz algo como:

— Minha mãe não quer que eu vou.

— Não quer que eu vá — corrige alguém.

E ele:

— Você pode ir. Ela não liga. Ela só não quer que eu vou...

Pois o Henrique se saiu com um:

— Eu não sabio.

Tratei de corrigir com carinho, apenas repetindo a forma certa:

— Você não sabia, mas agora ficou sabendo, que bom!

Então foi ele que me corrigiu:

— Não, vó, não é assim que a gente fala. Você não sabia por que você é menina, mas eu não sabio porque eu sou menino.

Tinha deduzido uma concordância de gênero absolutamente lógica. Analogamente, a faxineira da minha amiga é muito cuidadosa com os particípios passados. Sempre diz coisas como: "Se eu soubesse, tinha trago..." ou "tinha chego". Pode me arranhar o ouvido, mas não me espanta.

Quando eu estava no colégio, há uns 60 anos, não passava na cabeça de ninguém dizer "tinha pego", todos sabiam que o certo era "tinha pegado". Se alguém dissesse "pego", logo seria corrigido por um professor. Mas como outros verbos tinham formas como "pago" ou "ganho" e, aos poucos, a imprensa foi passando a adotar "pego", a língua incorporou o novo uso e pronto. Hoje é comum.

O que me fascina em todos esses exemplos é a busca de uma regra lógica por parte do falante. Como a do Diógenes, por exemplo, a explicar enquanto pintava a parede:

— Desculpe, dona, mas por que a senhora está dizendo "seis reais"? Tem que ser "seis real". Pra não ficar sobrando esse ssss — e dava um assobiozinho.

Foi preciso que ele explicasse pacientemente e desse o exemplo completo, para ser compreendido:

— Um real, dois real, três real, quatro reais, cinco reais, seis real, sete reais, oito reais, nove reais, dez real...

Na regra implícita do Diógenes, se já há uma marca de plural (um som de -s) no numeral, será pleonasmo repeti-la no substantivo. Não é uma maravilha lógica? Por mais que a gramática classifique esse processo de "falso cultismo".

Outra norma excelente é a hipótese etimológica que já encontrei em mais de um caso. Primeiro, numa conversa com um motorista de táxi que ora dizia "pobrema" ora pronunciava "problema" com toda clareza. Depois de algum tempo num engarrafamento, em que a alternância era nítida, o passageiro perguntou sobre isso e ouviu a explicação:

— É... são mesmo duas palavras parecidas. Eu custei a aprender, vivia me confundindo. Pobrema é de número, que nem a gente tem na escola. Problema é da vida, quando a gente se complica.

Não chegou a ser uma explicação. Entendi muito melhor com outro testemunho, algum tempo depois, quando soube da regra transmitida pela empregada de um amigo:

— Problema é de saúde, de família, de namoro, essas coisas. Mas quando é de dinheiro, de número, é coisa de pobre — então é *pobrema*.

Aprendo muito com essas hipóteses, deduções e explicações. Aprendo, principalmente, que procuramos entender para aceitar, em vez de simplesmente obedecer. Decorar não basta, é necessário um elemento de racionalidade. Tem de haver uma ordem, um limite lógico, uma disciplina. O ser humano precisa de regra na vida social. Até mesmo para ter a liberdade e a ousadia de tentar rompê-la. Ao mesmo tempo, ordem sem sentido é arbítrio.

A educação não pode ignorar esse fato e abrir mão desse cuidado. A arte sempre soube que a criação se exerce no embate entre a disciplina exigente e a ruptura libertária. Em seu instigante livro *A emoção e a regra*, o sociólogo italiano Domenico de Masi traz como epígrafes as reflexões de dois grandes artistas. Dois grandes mestres. Ambos têm razão e com eles também podemos aprender. "Eu gosto da regra que corrige a emoção", dizia Georges Braque. Mas outro pintor famoso, o espanhol Juan Gris, sustentava o oposto: "Gosto da emoção, que corrige a regra".

Fico com os dois.

Educando o olhar
maio de 2014

Há poucas semanas, o Brasil foi distinguido com um prêmio internacional inédito: a Medalha Hans Christian Andersen de Ilustração de 2014, concedida a Roger Mello. Um galardão que é considerado o Prêmio Nobel da Literatura Infantil, já que é conferido a cada dois anos ao conjunto da obra de um artista vivo, após rigorosa seleção feita por um júri de reconhecida capacidade, entre candidaturas do mundo inteiro. Foi a primeira vez que um ilustrador latino-americano conseguiu vencer, embora já tenhamos sido ganhadores duas vezes na categoria de texto, pois a medalha de escritor foi atribuída em 1982 a Lygia Bojunga e em 2000 a mim.

Mas tenho a impressão de que, com frequência, é mais fácil entender um texto estrangeiro do que uma imagem. O texto pode ser traduzido e, embora nesse traslado de um idioma a outro sempre se perca algo, quando a tradução é bem feita acaba sendo possível que o leitor tenha uma ideia bem aproximada das qualidades do original. No caso da imagem, é diferente. Parece mais simples, pois todo mundo vê logo a figura, não deveria precisar de tradução. Mas precisa de uma sensibilidade apurada para perceber o que cada imagem tem de próprio, incluindo sua contextualização numa cultura diferente e numa tradição visual muitas vezes muito diversa daquela em que está sendo recebida. Entre nós, estamos acostumados a ver desenhos animados e histórias em quadrinhos originalmente produzidos em outros países, bem como a ler livros traduzidos que são publicados aqui com suas ilustrações originais. Então, não estranhamos tanto essas diferenças. Mas no mercado internacional o panorama é outro, e existe mesmo um certo desconforto com padrões muito próprios apresentados por nossa linguagem visual. É bastante comum que os editores de outros países, ao contratarem livros de escritores brasileiros para publicarem tradução, façam questão de dispensar as ilustrações originais por considerá-las inadequadas a seu público leitor ou imaginarem que as crianças lá não irão compreendê-las.

Por tudo isso, a conquista de Roger Mello foi uma grande vitória, fruto de uma constante expansão da presença brasileira nos circuitos internacionais de literatura infantil. E, paralelamente, uma presença que foi ensinando os especialistas de outras terras a ver e apreciar nosso modo de ilustrar, com um somatório de influxos, ecos e citações de culturas muito diversas.

Todo esse processo que culmina em um prêmio como esse do Roger me leva a fazer hoje certas reflexões sobre a educação do olhar. É muito raro que em nossas escolas se dedique especial atenção a ela, embora haja maravilhosas exceções. Lembro que uma vez visitei uma escola rural em Sooretama, perto de Linhares, no norte do Espírito Santo, e lá encontrei um exemplo modelar de atenção a esse aspecto. Desde a entrada, as paredes estavam cobertas de desenhos e pinturas infantis inspiradas em obras-primas da pintura mundial, descobertas a partir de fecundas navegações pela internet. Denotavam sensibilidade e talento por parte dos professores que se permitiram guiar essa exploração. O conhecidíssimo quadro *O Grito*, do pintor norueguês Edvard Munch, por exemplo, servira de ponto de partida para um mural composto por uma galeria de imagens em que o fundo reproduzia o clima do quadro, mas em cada nova "cópia" estava colada a foto de um dos alunos, fazendo o gesto e imitando a expressão da figura retratada no original. Em outra parede, girassóis de Van Gogh abriam portas para novas leituras visuais de flores e sóis amarelos. E vários outros exemplos exploravam outras obras de arte famosas. Dava para constatar que o objetivo jamais fora desenhar bonitinho ou imitar o que alguém já tinha feito, mas apenas usar como estímulo e ponto de partida elementos plásticos desafiadores. O segredo todo estava na liberdade que as crianças tiveram para fazer isso, dentro da premissa dada.

Sem complicar muito, apenas com o que está ao alcance de cada um, dá para fazer muita coisa instigante. Para começar, na educação da percepção: olhando com atenção — seja uma obra pescada na internet, uma imagem marcante da mídia, ou o ambiente ao redor. Em seguida, soltando a mão no papel com o lápis ou a tinta — sem querer copiar ou fazer certinho, mas se permitindo ir por onde a vontade levar, em tentativas ou versões sucessivas, compondo variações em torno ao tema à medida que a atividade se repete. Depois, comparando com os trabalhos dos colegas, respeitando a multiplicidade de caminhos, admirando a variedade de possibilidades. No fazer, se aprende. A mão educa o olho. E o olho que sabe ver os detalhes, passear pelo espaço e estar atento à luz, às texturas e aos ritmos visuais, abre para sempre um mundo infinito de deslumbramento.

Nada mal como bagagem para um aluno levar consigo pela vida afora quando sair da escola. Ainda que não costume ser uma preocupação do sistema educacional.

Limitar, amar, aprender

junho/julho de 2014

Houve um tempo em que, da mesma forma que se fala no corpo docente de um estabelecimento de ensino para designar os professores que nele dão aulas, se fazia referência a seu corpo discente. Ou seja, o conjunto de alunos, de discípulos. Dá logo para ver que essas palavras são da mesma família, têm uma origem comum.

O que talvez seja menos óbvio e vai ficando cada vez mais esquecido é que ambas as palavras — *discente* e *discípulo* — também têm um parentesco com *disciplina*. Seu significado original da raiz é, justamente, *ensinar*. Porque a disciplina sempre fez parte do processo de ensino e aprendizagem. Tanto que é sinônimo de matéria escolar, assunto.

Isso não significa que ensinar e aprender devam ser montados em cima de um sistema de repressão, ou supressão da liberdade de expressão. Mas lembra a todos nós que a construção da autodisciplina é um aspecto fundamental da educação, desse mecanismo social que nos permite conviver com os outros e sermos capazes de compreender que o mundo não gira em torno de nós mesmos, mas que devemos ser capazes de nos conduzir para fora (*ex-ducare*) de nossas pessoas, indo ao encontro do outro, nos grupos em que vivemos.

Os grandes pedagogos e educadores que revolucionaram a contemporaneidade — de Jean Piaget a Paulo Freire, passando por tantos outros — souberam reconhecer a importância de desenvolver esse mecanismo que permite à espécie humana viver em sociedade, e compreender que não se pode fazer tudo do jeito que se quer, sem qualquer limite ou consideração pelas outras pessoas e sem pensar nas consequências.

Hoje em dia essa questão passou, muitas vezes, a constituir um problema grande nas escolas, sobretudo pela conjugação de duas tendências que convergem e se somam, por uma série de motivos combinados. Por um lado, as famílias com frequência estão abdicando de seu papel educador e os alunos estão vindo de casa sem noção de limites, sem estímulos a criar sua própria autonomia e sem saber lidar com frustrações. Por outro lado, a formação dos professores muitas vezes tende a fazer de conta que essa realidade não existe e, dessa forma, não os equipa para se fazer respeitar e exercer a função disciplinadora.

Muitos fatores ajudam a explicar essa carência — desde o aumento da gravidez na adolescência e as transformações nos modelos de família que passam a englobar muitos lares sem a figura paterna, até o fato de que uma formação mais sólida dos professores não acompanhou o rápido aumento do número de alunos. Mas não se pode ignorar que, além de todos eles, pesa muito em nossa sociedade uma salutar e desejável reação ao autoritarismo e às arbitrariedades da repressão durante os 21 anos de ditadura militar.

Ocorre porém que, em movimento pendular, a intensidade dessa reação dentro do âmbito familiar e escolar acabou sendo excessiva e tendeu à permissividade e à ausência de limites, contribuindo para que as crianças passem a ter mais dificuldade em exercer um controle de suas próprias emoções, frustrações e desejos. Isso dificulta suas relações sociais e pode mesmo prejudicá-las no desempenho escolar.

A virtude está no meio do caminho, como costuma acontecer. Mas é um caminho que deve ser encontrado pela via afetiva e amorosa. É porque amamos nossos filhos e alunos que desejamos que eles possam crescer como adultos felizes e preparados para a vida social. Não queremos que sejam pequenos déspotas que não podem ser contrariados. Então, devemos acostumá-los com a certeza de que há coisas que podem fazer e coisas que não podem. Mas, em qualquer circunstância, gostamos deles sem condições e estamos a seu lado para ajudá-los a vencer as dificuldades — o que não significa que vamos passar a mão nas suas cabeças e mentir por eles quando estiverem errados. Nosso amor se orgulha deles quando são responsáveis por suas ações, e se entristece por eles quando não levam os outros em consideração. Mas nos dois casos devemos estar ali, ao lado, para mostrar os caminhos de acertar, abraçá-los na hora triste em que têm a admirável coragem de aceitar sua frustração, cumprimentá-los quando conseguem vencer um lado difícil de si mesmos.

Todo esse processo exige proximidade como garantia da indispensável segurança afetiva. É ela que fundamenta uma construção comum da capacidade de lidar com esses mecanismos de crescimento pessoal que passam pelo controle dos impulsos, tanto por parte de quem educa, quanto de quem está sendo educado.

Pesquisas recentes têm comprovado que na escola brasileira se perde em torno a um terço de um tempo escasso e precioso, a tentar obter disciplina ou lidar com questões não resolvidas nessa área. Para não falar no que ocorre fora dos muros escolares. Um primeiro passo para vencer esse problema é não negá-lo, desde o início, mas reconhecer que existe e não temos sabido agir diante dele.

Nos últimos anos a tendência tem sido culpar os pais, reclamar e deixar correr solto, enquanto nos angustiamos a ponto de adoecer. Não deu certo. Talvez seja hora de repensar a fundo. "Amor é o que se aprende no limite", ensinou o poeta Drummond. Aprendamos com ele.

O crime de estudar

agosto de 2014

Um recente fato do noticiário internacional chocou o mundo inteiro. Mesmo um mundo aparentemente já tão anestesiado e entorpecido por absurdos chocantes. Doeu ainda mais fundo em cada mulher. E em cada professor. Quase trezentas meninas foram brutalmente sequestradas na Nigéria por terroristas de um grupo religioso fundamentalista, pelo crime de estudar.

Por todo o planeta, multiplicam-se pressões de todo tipo exigindo sua libertação. Da Casa Branca ao Vaticano, de abaixo-assinados pela internet a apelos da ONU e manifestações de rua, gritando "Queremos nossas meninas de volta!".

Cada sala de aula foi atingida. Qualquer pessoa envolvida com educação não pode ficar indiferente. Pelo menos, deve aproveitar para se juntar a um debate e uma reflexão que possam funcionar como vigília permanente de consciência e solidariedade. Evidentemente, a discussão em classe deve estar de acordo com a idade dos alunos. Para os menores, pode bastar saber que a alegria de estudar e ir à escola é um direito e um privilégio que podem parecer normais, mas ainda são questionados em várias partes. Uma conquista recente, ainda não totalmente aceita em todo canto. Dá para imaginar como seria a vida sem escola? O que os estudos podem trazer a cada um? É aceitável que homens e mulheres tenham direitos diferentes a esse respeito?

Os maiores já têm condições de aprofundar mais a discussão. Para isso, os professores devem estar preparados. Antes de mais nada, para não trocar os canais e traduzir em intolerância religiosa nosso choque e repulsa a um ato desses. O fato de alguns radicais desequilibrados serem criminosos e tentarem se explicar com desculpas ligadas à religião não pode se transformar em pretexto para desacreditar toda uma cultura ou desenvolver islamofobia. Outros radicais, de outras religiões, mais próximas ou distantes de nós, também são terríveis exemplos de intolerância, preconceito e perseguição. É importante que, antes de levantar a discussão, o professor tenha esse fato em mente e procure se informar, para ter argumentos ao explicar que não é a religião islâmica que manda ter essa atitude. É o fundamentalismo, o radicalismo, a inaceitável convicção de ser dono da verdade, sem admitir diferenças nem divergências. Demonizar quem pensa diferente é um caminho certo para o desastre, seja em religião, política ou na convivência social cotidiana — como nas arquibancadas de torcidas de futebol.

O próprio professor pode procurar conhecer melhor essas sociedades diferentes. Uma boa maneira para essa aproximação é o interesse por livros e filmes que as retratem. Nos últimos anos, muitos nos têm chegado. Entre eles, alguns fascinantes como *Sombras da romãzeira,* de Tarik Ali, *O livreiro de Cabul,* da norueguesa Âsne Seierstad, *Lendo Lolita em Teerã,* da professora iraniana Azar Nafisi, *O caçador de pipas,* de Khaled Hosseini, ou uma película iraniana como *A separação.* E tantos outros.

Para os adolescentes, um livro imperdível é *A outra face: história de uma garota afegã,* da canadense Deborah Ellis, traduzido por Luísa Baêta e publicado pela Ática, e sua continuação, *A viagem de Parvana.* Baseada em relatos reais recolhidos em campos de refugiados no Paquistão, a autora traz nesses livros histórias intensas e comoventes, que todos precisamos conhecer, e que despertam comentários emocionados nos blogues de leitores. Há pouco tempo eu parti deles para debater com sobrinhos e netos o caso real acontecido com a menina paquistanesa Malala, que levou dos talibãs um tiro na cabeça por insistir em defender o direito das meninas a estudar. A própria biografia de Malala pode complementar o debate, bem como o discurso que ela fez na ONU em defesa da educação para todos — e que pode ser encontrado na internet. "A melhor maneira de combater o extremismo é educar a próxima geração", disse ela. Não há como discordar. E vale lembrar que ela e sua família, tão defensores da educação, também são muçulmanas. Apenas não são radicais.

A partir do conhecimento dessa realidade, é possível aprofundar ainda mais a discussão. Quem tem tanto medo da educação? Por quê? De que forma a educação ameaça essa gente? Por que há quem receie que as mulheres estudem? O que o estudo pode fazer pelas pessoas? Pesquisas de organizações internacionais revelam que, em várias regiões onde o extremismo é forte, a educação das mulheres aumenta o número de eleitores moderados (mesmo onde elas não votam) e se reflete na geração seguinte, pois elas influenciam os filhos. Por isso muitos desses governos radicais as perseguem, diminuem os recursos para a educação ou os utilizam mal.

Um estudo do Unicef mostra que em mais de 70 países (inclusive na América Latina) professores e alunos têm sido violentamente perseguidos por motivos religiosos, políticos ou por bandidos que querem recrutá-los. Em vários deles, meninas estão proibidas de estudar.

Um debate sobre esses temas tem enorme potencial de sensibilizar os alunos para a realidade do mundo em que vivem, ao mesmo tempo que lhes permite desenvolver tolerância, solidariedade e compaixão para com os outros. E essa deve ser uma das metas da educação.

Boas práticas

setembro de 2014

Depois de termos conseguido, no Brasil destes últimos vinte anos, algumas importantes vitórias numéricas no terreno da educação, trouxemos para a sala de aula a quase totalidade das crianças em idade pré-escolar. Para que essa vitória não seja apenas superficial e aparente, nosso desafio agora é garantir que esse fato possa realmente fazer diferença na vida e no futuro desses brasileirinhos. Em outras palavras, assegurar a qualidade dessa educação. É esse o problema que está sendo discutido entre nós no momento, seja na imprensa seja nos meios especializados e na sociedade em geral.

Tanto aqui como pelo mundo afora, inúmeros estudos investigativos têm procurado fazer diagnósticos e apontar caminhos eficazes para que essa meta possa ser atingida. Examinam-se as mais diferentes variáveis, dos mais diversos pontos de vista. Praticamente sem exceção, todos apontam a importância fundamental do papel exercido pelo professor nesse processo.

É mais ou menos por aí que acaba o consenso. Comprovando que o trabalho do professor é mais importante para o processo de ensino e aprendizagem do que as instalações onde ele se dá, o equipamento disponível, a origem do estudante ou até mesmo do número de horas que o aluno passa anualmente na escola, várias pesquisas passaram então a se debruçar sobre esse trabalho e a própria figura do mestre. Em diferentes países, nos anos recentes, equipes de especialistas têm desenvolvido investigações e análises sobre os diferentes aspectos do magistério: formação do professor, sua origem socioeconômica, suas condições salariais, o número de horas que necessita dar em sala de aula, o acesso que tem a um aprimoramento profissional, e várias outras circunstâncias.

O que chamou a atenção nos resultados dessas pesquisas foi uma constatação surpreendente a que se chegou em quase todas elas, acima das diferenças de métodos e universos examinados pelas diferentes equipes investigadoras: o que mais contribui para a boa aprendizagem dos alunos são as práticas cotidianas que o professor exerce em sala de aula. Em sua maioria, atitudes que poderíamos classificar de tradicionais, simples e sensatas. Mas suficientemente poderosas para fazerem uma diferença real nos resultados.

Vale a pena mencionar algumas.

Por exemplo, dever de casa. Não precisam ser enormes, longos nem complicados. Mas precisam ser constantes. Preferencialmente, curtos. Se possível, como parte de toda aula. E é indispensável que sejam corrigidos em sala, para verificar que foram feitos mesmo e tirar dúvidas. Rendo homenagem a Dona Laís, minha professora de português nas duas primeiras séries do ginasial (hoje, segundo segmento do fundamental), que todo dia mandava uma análise sintática para ser feita em casa, e iniciava todas as aulas com um aluno corrigindo o dever no quadro-negro, enquanto ela ia de carteira em carteira rubricando o caderno de cada um, conferindo o dever feito. Não fazer significava meio ponto a menos na nota mensal. Todos fazíamos. E aprendemos para sempre a lógica do idioma. Uma prática simples que envolve recapitulação e fixação da matéria dada, enfrentamento paulatino de dificuldades crescentes, desenvolvimento de um hábito de estudo cotidiano.

Outra boa prática citada nas pesquisas é o professor só passar para um novo ponto da matéria quando estiver certo de que os alunos já entenderam e assimilaram o que acaba de ensinar. Parece banal e óbvio. Mas quantas vezes esse princípio básico e salutar é ignorado em classe, construindo desinteresse e fracasso no futuro? Que tal cada um se preocupar em atender a essa exigência banal e óbvia? Não é de admirar que faça diferença.

Recomendação simples, também, é a que sugere que quando o professor faz uma pergunta para a turma, dirija-a especificamente a algum aluno, apontando-o assim que acabar de fazê-la. Evita, assim, que os mesmos estudantes respondam sempre, divide a atenção com a turma toda e deixa todos mais ligados e alertas, para não "pagar mico" diante dos colegas.

Vale também sublinhar outro lembrete: o que diz que professor precisa dar responsabilidade e cobrar, mas tem de ter moral para cobrar: não pode atrasar entrega de prova corrigida, não pode ficar conferindo mensagens no celular durante a aula enquanto a turma resolve um exercício, não pode esquecer de fazer o que prometeu em aula anterior, não pode ficar enrolando com conversa em vez de dar aula, não pode ter dois pesos e duas medidas para lidar com alunos e situações em classe.

Alguns desses estudos têm comprovado, sem sombra de dúvida, que muitos professores que vêm de ambientes menos favorecidos educacionalmente, e que tiveram uma formação pra lá de precária, acabam obtendo de seus alunos resultados muito melhores do que outros muito bem formados e carregados de teorias sofisticadas. A explicação está em suas boas práticas pedagógicas, na dedicação ao que fazem, na firme vontade de que os alunos entendam e aprendam.

Nada de complicado ou intransponível, afinal. Deixa que a gente tenha esperança.

Ler com os alunos

outubro de 2014

Ainda outro dia eu falava aqui sobre estudos de diversas origens, em países diferentes, que apontam a importância decisiva de boas práticas pedagógicas, simples e sensatas, na obtenção de melhores resultados no processo de ensino e aprendizado. Deixei uma delas para destacar depois. E é disso que falo hoje, continuando nosso papo.

Várias dessas pesquisas indicam que há um elemento que faz imensa diferença para que os alunos aprendam: professores que leiam por prazer, distração, gosto, entretenimento. Primeiro, para si mesmos, por seu próprio hábito ou gosto. Como consequência, que sejam capazes de falar em livros, ler com seus alunos, ler para eles. Dependendo das idades e das circunstâncias. E que possam irradiar esse ambiente favorável para as famílias, valorizando os livros. Desde tenra idade.

Contar histórias lendo tem um efeito maravilhoso. Diverte, faz voar a imaginação, informa sobre outros aspectos da vida, permite vivenciar sonhos e receios escondidos. Aumenta o vocabulário, dá oportunidade de ter contato com a língua em seu registro escrito, conhecer certas construções que nem sempre utilizamos no dia a dia. E mostra que toda essa experiência enriquecedora e intensa pode nascer de um livro.

Quando minha neta era bem pequena e ainda não sabia ler, brincava de professora, ou de mãe, "lendo histórias" para as bonecas. Algumas ela sabia quase de cor: virava a página do livro na hora certa, reproduzia frases inteiras do texto. Outras vezes, ia no improviso, inventando qualquer coisa que lhe viesse à mente e combinasse com as figuras. Mas sempre seguia os modelos da linguagem escrita. Por exemplo, quando havia diálogos, eram sempre entremeados de "disse ele" ou "respondeu a menina". Jamais: "ele disse" ou "a menina respondeu", pois ela tratava de ser fiel ao jeito mágico de falar que vivia nas páginas dos livros e eram capazes de transportá-la para mundos de encantamento. Como se fossem palavras mágicas. Da mesma forma, quando brincava de ler histórias, recorria a tempos verbais mais cuidados ou usava o pronome possessivo no registro que se usa na escrita e não no emprego coloquial e familiar de todo dia. Dizia "Ao chegar em sua casa, a menina..." em vez de "Quando a menina chegou na casa dela...".

Eu ficava por perto enquanto ela brincava, e ouvia aquilo fascinada. Constatava que ninguém precisa ensinar regra postiça vinda de fora quando a criança vai aprendendo naturalmente, pelo convívio com a palavra escrita.

Depois, quando se aprende a ler, a prática da leitura continua a se manifestar com força em todo o processo de ensino e aprendizado. Trabalhei num jornal em que o responsável pelo recrutamento de novos funcionários pedia aos candidatos, na hora da entrevista, que redigissem uma frase simples que ditava. Algo como: "O senhor tem toda razão de ficar indignado. Vamos encaminhar sua reclamação à seção competente". Se viesse escrito algo como "indiguinado" ou "sessão", o candidato seria eliminado. Por comprovar que não costumava ler, dizia ele. Não se trata apenas de conhecer ortografia e usá-la com a naturalidade de quem já viu aquela palavra escrita milhares de vezes. Mas também de reconhecer contextos e saber distinguir a *sessão das duas* da *seção de achados e perdidos*.

É muito difícil adquirir essa capacidade de uma hora para a outra, apenas metendo a cara nas apostilas de um cursinho ao tentar passar num concurso ou procurar um emprego. A sabedoria popular ensina que quem não engorda comendo não engorda lambendo. A segurança na escrita vem aos poucos, em construção por toda a vida, a partir da intimidade com a leitura. E grande parte desse processo tem a ver com um professor que leia.

Podem ser histórias curtas e bem simples, que permitam a uma criança pequena acompanhar a narrativa toda numa única sessão de leitura, prestando atenção nas ilustrações que sempre atraem muito também. Aos poucos, irá distinguindo seus contos favoritos. Pode ser que, daí a alguns dias, venha o pedido:

— Conta de novo aquela...

Não faz mal que a leitura se repita, numa revisita a uma experiência prazerosa. A releitura de um texto conhecido consolida alguns aspectos, destaca outros, permite voltar a um bom momento. Faz parte da gradativa intimidade com os livros, que poderá levar à naturalidade tão desejada na consolidação do convívio com a leitura, pela vida afora.

No caso de textos mais longos e alunos mais velhos, já capazes de ler sozinhos, a atividade de leitura pode ser compartilhada. Cada um lê um trecho em voz alta. E que seja aos poucos, cada dia um capítulo ou alguns parágrafos. As pausas permitem conversar sobre o que se lê — outro excelente efeito dos livros, numa prática pedagógica que aos poucos vai coletivamente construindo o conhecimento de todos.

No Brasil, estamos muito bem servidos. Nossa literatura infantil é riquíssima, variada, de uma qualidade reconhecida e respeitada no mundo todo. Há livro bom para todas as idades. Para escolher bem, por exemplo, veja quais os premiados de cada ano na página da FNLIJ — Fundação Nacional do Livro Infantil e Juvenil. Não são os únicos ótimos, mas constituem uma excelente seleção de autores e títulos. Procure na Sala de Leitura de sua escola ou na biblioteca de seu município.

E boa leitura.

Ana Maria Machado

Considerada uma das mais completas e versáteis autoras brasileiras, Ana Maria Machado ocupa a cadeira número 1 da Academia Brasileira de Letras. Ganhou em 2001 o mais importante prêmio literário nacional — o Machado de Assis, outorgado pela ABL —, pelo conjunto de sua obra como romancista, ensaísta e autora de livros infantojuvenis. Um ano antes, recebera do IBBY (International Board on Books for Young People) a Medalha Hans Christian Andersen, prêmio considerado o Nobel da Literatura Infantil, por ser a mais alta premiação internacional do gênero, conferida a cada dois anos a um escritor, pelo conjunto da obra.

Ana Maria Machado é carioca. Começou como pintora. Após se formar em Letras Neolatinas, fez sua pós-graduação na França, onde também lecionou na Sorbonne em 1970-1971. Deu aulas na Universidade Federal do Rio de Janeiro (UFRJ) e na Universidade de Berkeley, nos Estados Unidos. Como jornalista, trabalhou no Brasil e no exterior.

Publicou mais de cem títulos, tanto para adultos como para crianças. Seus livros venderam mais de vinte milhões de exemplares e têm sido objeto de numerosas teses universitárias — inclusive fora do país. Sua obra para crianças e jovens está traduzida e publicada em vinte países e recebeu todos os principais prêmios no Brasil (incluindo 3 Jabutis) e alguns no exterior.